愛蔵版 精神科医が教える

心が軽くなる「老後の整理術」

保坂 隆
Takashi Hosaka

PHP研究所

はじめに——年を取るほど「身軽に」なろう

シルバー世代には、いろいろな悩みがあります。

「物が多すぎて、どうしていいか分からない」「面倒な人間関係をどうにかしたい」「お金のやりくりで困っている」「健康と体調を整えたい」「親子のしがらみをスッキリさせたい」——など、さまざまでしょう。老後のこうした悩みを解決し、少しでも「心が軽くなる」にはどうしたらいいのか？　それについて、いろいろな角度から「整理の方法」を考えてみたのが本書です。

たとえば、人は誰でも、長く生きていれば持ち物が増えてくるものです。特に物のない時代に生まれ、高度経済成長期を過ごしてきた現在のシルバー世代は、「買うのは大好きでも、捨てるのは嫌い」という傾向が強いといわれます。それだけに、長年放っておけば自分の持ち物は増える一方です。

でも、定年や現役からの引退を境《さかい》にして、生活の中心が家になったら、できる限り部屋を整理して、広々と使えるようにしたほうが良いでしょう。物があふれていると、使いたい時に使いたい物が見つからず無用にイライラしたり、本当は持っているのにまた買う羽目《はめ》にもなります。こんな失敗や無駄は、きちんと整理するだけで防げます。

そして、物を整理すれば自分だけでなく、晩年は家族や友人に手間をかける必要も自然と少なくなります。他人の物の整理は、本人が考える以上に、周囲の人にとって気を遣《つか》う大変な作業です。

自分でどうしても捨てられなかった物は、周囲の人だってきっと捨てづらいでしょう。そんな負担を後回しにして誰かに押し付けるのではなく、年を取るにつれ、少しでも軽くしておきたいですね。

また、自分に「もしも」のことがあった時についても、今から心配はいろいろ多いと思います。医療やお金の問題、親子の関係、人付き合いでの心残りなど、きちんと整理しておきたいことがいっぱい――。

ところが年齢を重ねるほど、自分の体力や気力は落ちてきます。つまり時間が経《た》てば経つほど、たとえ「身辺を整理したい」「気がかりな問題を解決したい」と思い立っても、現実的にはできなくなってしまう場合が多いのです。

でも、この本を手に取ったあなたは大丈夫！

「整理しよう」という気持ちと行動力が残っているうちに、どんなに小さなことでも構いません。今日から何かを始めましょう。思い立ったが吉日《きちじつ》なのです。

本書では、一般的な「身の回りの整理」だけでなく、「少し先の将来」「お金のやりくり」「食生活や健康」「人間関係」など、老後のさまざまな心配ごとの整理についても、できるだけ触れています。

これらを読み進めていくうちに、日常の「イライラ」や「クヨクヨ」といったストレスが解消され、次第に身も心も軽くなっていくはずです。

老後は、人生の長い「第二ステージ」となっています。快適で有意義《ゆういぎ》な毎日を過ごせるよう、ぜひ本書を参考になさってください。

保坂　隆

精神科医が教える　心が軽くなる「老後の整理術」〔愛蔵版〕◎目次

第2章 「少し先の心配」も整理してみませんか？
——毎日をスッキリと過ごすために

第3章　明日が楽しみになる「お金のやりくり」
——大切なのは「現役時代」の心の整理

第4章　健康的に「食べる喜び」いつまでも
——「身も心も軽快」な食生活のコツ

第5章 最後は「細く長く」が良いお付き合い
――人間関係も「終着点」がいずれ来る

第6章 老後の「イライラ」を整理する技術
――気持ちの切り替え上手こそ「幸せの達人」

■装丁　根本佐知子（梔図案室）
■装画・本文イラスト　はやしみこ
■編集協力　幸運社

第1章

人生の再点検は「身の回りの整理」から

——老後の「生活の質」を向上させる

01 老後は「買う瞬間の快感」より「選ぶ過程の楽しさ」に重点を

「最近、ふと、空《むな》しくなってしまう」

「わけもないのに、悲しい気持ちになる……」

年齢を重ねた人たちが、こんなふうにこぼすことがあります。その原因は、「喪失感《そうしつ》」なのかもしれません。

体力、食欲、気力など、年を取ると何でもかんでも若い頃と同じというわけにはいかないものです。しかし、それを単純に「自分ができなくなった」とネガティブに考えてしまうと、喪失感に悩むようになるのです。

そして、その悲しさ、空しさ、満ち足りなさを埋めようとして、買い物に走る人も少なくありません。

現在、「シルバーエイジ」と呼ばれる世代の人たちは、戦後の高度経済成長とともに人生を歩んできたので、他の世代より物への執着が強く、購買意欲も旺盛《おうせい》です。

また、退職して多少なりとも自由になるお金もあるため、「絶対にこれが必要」というものでなくても、便利《べんり》だったり、見た目が洒落ていたり、ステイタスを感じるような商品を、勢いで買ってしまう傾向があります。

また、高額の買い物に行けば多くの場合、店員さんが手厚くもてなしてくれます。「自分なんて、社会や家族に必要とされていないのではないか?」「何だか最近、どこにも居場所がない気がする」――そんな喪失感を抱えているところに、お店の人がかけてくれる優しい言葉は、心地《ここち》よく響《ひび》くのでしょう。

もちろん、それが自分に対してではなく、本当は「自分が払うお金」に対して向けられているサービスだと分かっていても、ついその場の気分の良さから財布《さいふ》の紐《ひも》が緩《ゆる》んでしまうのかもしれませんね。それが、心の隙間《すきま》を物によって埋めようとする人の心理なのです。

確かに、欲しいものを手に入れると気持ちは豊かになります。しかし、それは「自分が本当に欲しいもの」を手に入れた時に限られるのではないでしょうか？

買い物をしている最中は楽しくて仕方がないのに、帰宅した途端に商品の袋《ふくろ》をソファーに置きっぱなしにしたり、いつまでも包《つつ》みも開けないようでは、自分の気持ちが豊かになったとはとても言えません。

それどころか「ああ、また無駄遣《づか》いしてしまった……」「やっぱり、つまらないものを買っちゃったな」などと後で自分の軽率さを悔《く》やんで、かえってストレスを溜《た》め込んでしまいます。

つまり「加齢による喪失感」を買い物によって埋めるのは、有効な手立てとは言えないでしょう。

もちろん、買い物の楽しさを否定するつもりはありません。私も買い物は嫌いではありませんし、ストレス発散になるのもよく知っています。ただ、老後のショッピングでは、買うという「瞬間《しゅんかん》の行為」そのものを楽しむのではなく、もっと「選ぶ、吟味《ぎんみ》する」という部分に焦点《しょうてん》を当ててほしいのです。

幸《さいわ》い、シニアには自由時間がたっぷりあります。慌《あわ》てて買い物をしなくても、いろいろな店を見て回ったり、よく考えるために、時間をおいて何度も店に足を運べるでしょう。また、インターネットで情報を仕入れて、評判や使い勝手などを比較するという手段もあります。

「どれにしようか？」と選ぶ楽しさは、商品を実際に手に入れる喜びに匹敵《ひってき》するくらいの買い物の醍醐味《だいごみ》があるはずです。

年齢を重ねたら、できる限り「衝動《しょうどう》買い」は控《ひか》えて、本当に欲しいものだけを時間をかけて、じっくりと選びたいものです。**よく吟味して「それでも、絶対に欲しい」と思って購入した品は、本当の意味であなたの心を豊かにしてくれるでしょう。**

「欲しいと思ったものは、一回目には買わずに帰宅し、数日経《た》ってもまだ欲しいと感じたものだけ買う」という厳密なルールを作るのも悪くありません。

万が一、次に行ってそれが売り切れていたら、「自分には縁《えん》が無かったんだ」と諦《あきら》めるくらいの潔《いさぎよ》さも、「老後の整理術」には必要になってきます。

02

「便利さ」が老いを招く——使わない心身の機能はどんどん弱る

インターネットで「便利グッズ」を検索すると、ものすごい数の品目がヒットします。たとえば、読み終えた新聞を縛《しば》るための道具、冷蔵庫の扉《とびら》の開けっぱなしを知らせてくれるセンサー、自動で汚れを見つけて動き回るロボット掃除機……。ひとつひとつ挙げていったら、キリがありません。

こうした商品は作業の手間を省《はぶ》いたり、時間の短縮が謳《うた》い文句になっており、「こんなのがあったら良いだろうな」「ぜひ欲しい」と思うものばかりです。

元気な若い世代ですらそう思うのですから、だんだん身体が衰《おとろ》えて身の回りのことが億劫《おっくう》になってくるシニア世代としては、つい購入を考えてしまう気持ちは分からないでもありません。

しかし老後は、できるだけ「便利な商品」を使わないように心がけてほしいのです。なぜかといえば、理由はいくつかあります。

まず、便利グッズは多くの場合、特定の機能だけに優れているので、多様性に欠けます。たとえば、前出の新聞を縛る道具も、それ以外に用途《ようと》が見つけにくいものですし、手に臭《にお》いがつかないための「にんにくの皮むき器」のような道具は、他に使いようがありません。

その作業を専門に、大量にする人なら話は別ですが、**一般の人が少しの作業をするために、わざわざ専用の道具を揃《そろ》えて使うのは、とても便利とは言えないでしょう。**

たくさんの便利グッズの中から「あれ、どこにしまったかな?」と探し回っているうちに、別の方法で作業ができるはずです。老後の限られた収入の中から、安くはないお金を出して、わざわざ買う必要はないものがほとんどと思います。

また、便利グッズの大きな特徴である「時間短縮」というのは、シニア世代にとってそれほど魅力的でしょうか?

時間や余暇《よか》はたっぷりあるのですから、ひとつひとつの作業をじっくり丁寧《ていねい》にやったほうが、有意義だと私は考えます。

そしてもうひとつ肝心なのが、老後の元気なうちは、**あえて「便利」を遠ざけたほうが、脳が活性《かっせい》化され、身体が衰えずにすむ**という点です。

自動で動く掃除機は、電源を確保さえすれば人間は頭を使いません。しかし、普通の掃除機や別な道具を使って掃除しようとすれば、どこをキレイにするか自分なりに工夫もしますし、効率の良い作業手順を考えるので、脳が活性化されます。また、身体をかなり動かすので運動にもなります。

年齢を重ねていけば、スピードの違いこそあれ、どうしても知力も体力も下《くだ》り坂になるものです。また若い頃と違って、普段使わない心身の機能はどんどん弱っていきます。だからこそ、単純な「便利さ」を選ばずに、頭と身体を日常的に使う生活を心がけなくてはいけないのです。

03

「ワーキングメモリ」——物忘れ防止にあえて面倒なほうを選ぶ

先ほど、「あえて便利さを選ばない生活」について提案しましたが、ここではもう少し「便利さ」と「脳」の関係を掘り下げてお話ししたいと思います。

あなたは、次のような経験はありませんか？

「料理の最中に、ご近所さんが回覧板《ばん》を届けに来た。すっかり話し込んで鍋《なべ》を焦《こ》がしてしまった」

「醤油《しょうゆ》を買いにスーパーに出かけたら、たまたま大売り出しをやっていた。そこで、あれこれ買い込んで帰宅したところ、肝心の醤油を買い忘れていた」

こうした物忘れは、加齢《かれい》とともに増えてきます。それも、六十代、七十代といったシルバー世代ではなく、すでに四十代から始まっているという研究データもあるのです。

人間の脳では、長いあいだ覚えておくべきことは「海馬《かいば》」という部分に記憶されますが、日常生活での「鍋の火を消す」「醤油を買いに行く」など、一時的に覚えておけばいい情報は「前頭前野《ぜんとうぜんや》」（おでこの前あたりにある部分）が関係しています。

目的を果たすまで覚えておくべき、短期の記憶の働きを「ワーキングメモリ」と呼び、これは「作業台」にたとえられます。

その作業台には、だいたい三つくらいの記憶を載《の》せておけると考えられていて、たとえば、掃除をしながら「これが終わったら洗濯物を干《ほ》して、回覧板を回して、歯医者に予約の電話を入れよう」と考えたとします。

ワーキングメモリ（作業台）の上に、記憶がしっかりと載っていれば、掃除が終わってからも次々と用事をこなせるでしょう。

しかし、加齢とともにこの作業台が小さくなってしまうと、記憶がこぼれ落ちて、洗濯物を干したら他の用事は忘れてしまった……となるのです。

まだ現役で働いている世代でも、うっかり次にやる仕事を忘れて、別のことをして時間が過ぎてしまったという経験が、若い頃より増えていると思います。

ただし、**このワーキングメモリは、年を取ってからも鍛《きた》えることができます。**

それも日常生活の中で「便利さ」「楽《らく》さ」に走らず、あえて面倒だったり不慣れなほうを選ぶだけで、脳のエクササイズになるのです。

たとえば、野菜の皮むきにピーラーを使えば、手を切りにくく、均一に皮がむけるので、子どもでも楽に使いこなせます。大人であれば、多少手元を見なくても作業ができるでしょう。

しかし包丁《ほうちょう》を使うとなると、そうはいきません。均一にむくために力の入れ方を加減したり、手を切らないように注意を払わなくてはいけません。

そのため、両者を比べた場合、脳が活性化されるのは包丁といえます。だから、「便利なピーラー」ではなく包丁を使うだけでも、ワーキングメモリが鍛えられ、長期的な物忘れ防止につながるわけです。

逆に、いつも包丁を使い慣れている人が、滅多《めった》に使わないピーラーを使うと、日常とは違う作業をすることで、ワーキングメモリが鍛えられるというデータもあります。

また、料理をする際も、炒《いた》めた材料に混《ま》ぜるだけの調味料パックを使うより、少しずつ味見して自分で調味料を調合するほうが、やはり刺激となり脳のトレーニングにもなります。お客様があって手早く作業しなくてはいけない時は別としても、毎日の料理では、できるだけ手作りをおすすめします。

老後で時間にゆとりができたからこそ、日頃から「手間を惜しまない姿勢」が何より大切です。

物忘れを「年のせいだから……」と簡単に諦めて、より楽な方向へと流されるのではなく、小さなことでもせっせと頭と身体を動かすように、日常の暮らしを工夫してみてはいかがでしょうか。

04

家の中に爪切りがゴロゴロ——でも探すのに何分もかかる矛盾

ばんそうこう。プラスのドライバー。爪《つめ》切り。

どこの家にもある物ですが、「三つともすぐ持って来て」と突然言われた時、あなたなら何分で集められるでしょうか？

この実験は、家によって大きな差が出ます。日頃から、どこに何を置くかをきちんと決めている家では、三分以内でさっと集められるでしょう。これは理想的なタイムです。しかし十分以上かけても、探せない家もあるのです。

そして不思議なことに、**すぐに見つかる家には、これらは一つか二つずつしかありませんが、なかなか見つからない家に限って保有数が多いようです。**ハサミや耳かきといった小物が特にそうですね。

ある家庭の場合、爪切りは、キッチンの引き出し、脱衣場の棚《たな》、鏡台《きょうだい》、物置《ものおき》、救急箱、書斎《しょさい》の机《つくえ》、洋服ダンスの中と、なんと計七ヵ所に置かれていました。さらに、救急箱の中には二つ入っていたので、合計八個もあったのです。

八個も爪切りがあるくらいですから、どれだけ大人数で暮らしているのかと思えば、これまたなんと年配の男性の一人暮らし。もちろん、爪切りをコレクションする趣味はありません。

なぜ、こんなに爪切りがたくさんあるのかと尋《たず》ねると、「使おうと思った時には見つからなくて、ついその都度《つど》買い足してしまった」と言うのです。

単純に考えれば、爪切りの数が多ければ多いほど、すぐに見つかるはずです。しかし、この男性の家には、爪切りもたくさんありますが、それ以上に他の物もたくさんあったために、見つけられなかったのです。さらに、置き場所をきちんと決めていないのも、悪循環の一因でしょう。

今の時代、爪切りは「百円均一」の店でも買えますから、金額にすれば大したことはないかもしれません。都会ならコンビニだって近くにあるでしょう。

しかし、**すぐに見つからないからといって買えば買うほど、当然のことながら物は増えます。**あふれかえった物で部屋は雑然となり、必要な物に限って他の物に紛《まぎ》れて見つからず、これで何回目だと、とても心穏《おだ》やかに過ごす場所ではなくなります。

この「負《ふ》の連鎖」は、どこかで断ち切らなくてはいけません。

それには「家のどこかに必ずあるんだけど、今は見つからない」というものはもう買わないことです。面倒かもしれませんが、時間をかけてでも探し出し、まずは今度こそ「置き場所」を定めましょう。そして、どう考えても余分なものはこの際、処分してしまいましょう。

そうした地道な積み重ねこそが、心も住まいの環境もスッキリとした老後の生活を送る上での、大切なポイントではないでしょうか。

05 安全と健康に直結――高齢者の「ゴミ屋敷」は他人事ではない

以前、仕事で付き合いのある男性が「同居《どうきょ》の母親が物を捨てなくて困るんです」と、私にこぼしたことがありました。

物のない厳しい時代を経験されているので、簡単に物が捨てられない気持ちは分かるのですが、そのお母様の場合は、ちょっと度《ど》を越していました。**十畳《じょう》の和室を一人で使っているのに、足の踏み場もないほど、物であふれかえっているというのです。**

男性は、ほとほと困り果《は》てた顔で、

「あれはゴミ屋敷《やしき》ですよ。もう動かない置《おき》時計や、死んだ親父が使っていた何十年も前の大きなワープロ、土産《みやげ》にもらった置物やこけし、壺《つぼ》や陶器《とうき》が入っている木箱が二〇以上もあって、その上、ビニールがかかったままの贈答品《ぞうとう》の寝具《しんぐ》が積み上げられているんです。おまけに、どれもこれも埃《ほこり》だらけ。その隙間《すきま》に布団《ふとん》を敷《し》いて寝ているんですが、『捨てろ』って言っても聞かないし、あの部屋で何かに火でもついたら大変なことになりますよ」

と歎《なげ》くのです。

確かに、火災や地震のことを考えたら背筋《せすじ》が寒くなりますし、掃除もできないようでは衛生的な問題も見過ごせません。長年親しんだ物への愛着《あいちゃく》は分かりますが、やはり安全と健康は最優先されなくてはいけないでしょう。

結局、この家では、お母様の入院を機《き》に、思い切って物の整理をしたそうですが、こうした高齢者の「物を捨てない」という心理は、決して他人事ではないのです。

試しに、あなたが一番長く時間を過ごす部屋を見渡してみてください。ずっと手を触れられないまま、置かれている物はないでしょうか？

たとえば、まだ動くからと思って放《ほう》ってある古い家電や、作りかけの手芸品、いつまでも読みかけの本、中身を確認して蓋《ふた》をしてしまった贈答品などです。

もし一年以上、一度も手を触れず、必要とされなかった物は、将来的にも使うことはないのだと考えを改めましょう。

「『今度』と『お化け』は出たためしがない」と言われるように、「いつか使おう」という日は、やって来ないと思ったほうが良いのです。

思い切って処分してしまうと、住まいも気分もスッキリするでしょう。特に、「床《ゆか》に積み重ねられた物」は一日も早く整理を考えなくてはいけません。

五十代ともなると、誰でも足の上がりが悪くなり、ちょっとした段差や物にもつまずきやすくなります。以前なら何でもない敷居《しきい》や電気コードにつまずいた、足を引っかけた経験は、きっとあるはずです。高齢者の転倒は、外出先ではなくむしろ住み慣れた自宅のほうが起こりやすいというデータもありますので、床はできる限りスッキリさせておかなくてはいけません。

長年にわたり部屋を占拠《せんきょ》する不用品は、狭い居住空間をさらに狭くし、ケガのもとになるものです。年齢を重ねるほど物への執着心が強くなり、環境が変化することに抵抗を感じるようにもなりますが、安全や健康のためにも、物は減らしていくように心がけましょう。

06

老後の片付け――「整理整頓された物が膨大」では意味がない

八十二歳で天命を全《まっと》うしたA子さんの場合は、「百円均一」の店でファイルやプラスチックケースといった収納用品を買うのが大好きでした。そして「身の回りの物を細々《こまごま》と分類し、ラベルをつけて整頓《せいとん》をしていれば一日があっという間に終わってしまう」と、よく話していました。

そんなA子さんですから、亡くなったのは突然でしたが、住まいの片付けはそんなに手間取らないだろうと周りは思っていたのです。

しかし、一人暮らしのA子さんの部屋の整理を始めた娘さんたちは、すぐに悲鳴をあげました。なぜなら、「整理整頓された物」が膨大《ぼうだい》にあったからです。

一枚一枚、丁寧にクリアファイルに入れられた病院の領収書、薬の説明書き、血液検査の結果表などは、なんと十年分もありました。

また、旅行が好きだったA子さんは、観光地でもらったパンフレット、博物館などのチケットの半券《はんけん》、旅館や食堂の箸袋《はしぶくろ》、コースターなども記念に、きちんと整理し保管してありました。

両方をまとめると、段ボールで二〇箱以上もあったそうです。それだけで家の押し入れの半分が占拠されていた、というのですから驚きでしょう。

A子さんは晩年《ばんねん》、「うちは押し入れが小さくて困る。敷布団をもう一組買いたいけれど、入れる場所がない」と話していました。しかし、**押し入れが狭かったのではなくて「整理整頓された物」が多すぎたのだと、娘さんたちは改めて分かったそうです。**

大量に残されていたファイルや箱は、ひとつひとつにラベルが貼られていて、中身が何なのかは一目瞭然《いちもくりょうぜん》――。

仕事が丁寧なA子さんの人柄《ひとがら》がよく表れているため、娘さんは捨てるのが忍びないと思いました。けれども、十年も前の病院の領収書がこの後、何かに役立つわけではないため、結局は「お母さん、ごめんなさい……」と言いながら、全部処分したそうです。

整理整頓は大切です。しかし、そのために多くの時間や労力を費やしたり、保管場所も大きな負担になるのでは考えものです。それなら整理する前に、最初から捨ててしまう選択肢も必要でしょう。

老後の暮らしに入ったら、少しずつ物を減らしていく姿勢が大切です。遺品《いひん》を処分する時に、残された人が心の痛みを余計に感じないようにする配慮が、年を重ねた者には必要なのではないでしょうか。

07

忘れられた「いただき物」「引き出物」の末路

日本には「引き出物」という文化が根づいています。

古くは、馬を庭に引き出して相手に贈ったことから、この名がついたとされていますが、現在では、招待客への土産物や贈り物全般を、引き出物と呼ぶようになっています。

特に、冠婚葬祭では必ずと言っていいほど、引き出物がついてきます。最近は欲しい物を自分で選べるカタログギフトが贈られることも増えていますが、寝具や陶器などは定番で根強い人気があるようです。

こうした引き出物でいただいた品々を、あなたはどうしているでしょうか？

もしかして箱を開けて一度中身を確認したら、また蓋を閉めて押し入れや納戸《なんど》の奥深くに収めてはいないでしょうか？

少し前に、同じ職場のスタッフの母親が亡くなられたのですが、遺品の整理をした時の様子を、こんなふうに語っていました。

「納戸を開けたら、いろいろ箱が出てきたんです。何が入ってるかと思ったら、これが全部昔の引き出物で、真新《ま》しいお鍋や食器がいっぱい。肌掛《はだが》けなんて四枚もあったんですよ」

亡くなったお母様はとても寒がりで、「冬の夜が辛《つら》い」とこぼしていたそうですが、納戸にしまいこまれた多くの荷物の中からは、なんと品の良い電気毛布《もうふ》まで出てきたそうです。

「これを、ちゃんと使っていれば寒くなかっただろうになぁ、と思うと、なんか切《せつ》なくなっちゃって……」

そう話すスタッフの目には、涙が浮かんでいました。

シルバー世代の人たちは、厳しい時代を生き抜いてきただけに「もったいない」の精神がしっかりと植えつけられています。

今使っている物が使えるうちは、このままでいいと我慢して、いつの間にかそうした品があること自体を、忘れてしまったのかもしれません。

もちろん、物を粗末《そまつ》にしない心はとても大切ですが、せっかくの有意義な物をしまいこんでいるだけで活用しないのは、それこそ「もったいない」でしょう。宝の持ち腐《ぐさ》れです。

「いつか、子どもや孫が使うかもしれないから……」と大事に保管しておく人も多いようですが、**子どもや孫にもそれぞれ好みや都合があります。プレゼントしても、やはり使われない可能性だってあるのです。**

また引き出物には、それを選んだ贈り主の感謝の気持ちや、できるだけ「使っていただきたい」「暮らしに役立つものを」という思いが込められています。活用してあげるのが、物を大切にする心にも通じるのではないでしょうか。

08

「夫も子どももいない」——思い出の写真はどう処分すればいい？

ある新聞の投稿欄《らん》に、「思い出の写真をどうすればいいか？」という相談が載っていました。相談者は年配の女性で一人暮らしでした。すでに伴侶《はんりょ》は他界していて、子どももいません。

彼女はそれまで、亡くなったご主人とあちこち旅をし、たくさんの写真を撮りました。一枚一枚が大切な思い出です。

ところが、知り合いが他界したり、新聞のおくやみ欄に同世代の著名人の名前が出るのを見るたびに、「私が死んだら、この写真はどうなるんだろう？」と考えるようになったといいます。

なぜなら、大事にとっておいたとしても、自分以外に見てくれる人がいないからです。結局、最後には捨てられてしまうのでしょう。

かといって、**ご主人との幸せな記憶を、自らの手でゴミとして処分する勇気もありません。**葬儀の際、写真を棺《ひつぎ》に入れてもらうのは可能でしょうが、さすがに全部というわけにもいかず、枚数にも限りがあるので、どうしていいか分からなくなってしまったのです。

これに対して、回答者である作家・眉村卓《まゆむらたく》氏は、シュレッダーや写真の溶解《ようかい》処理など具体的な処分方法を話した上で、気持ちの問題に触れています。

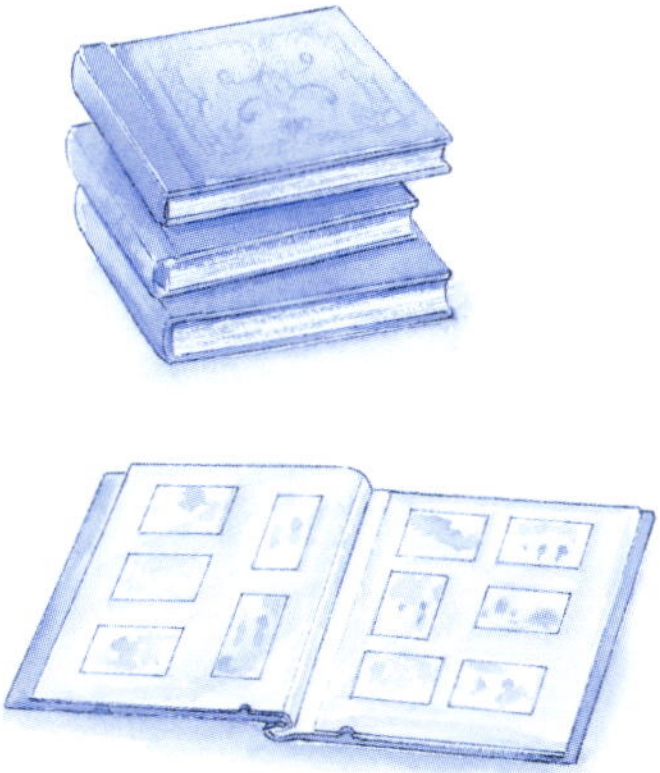

たとえ、子や孫がいたとしても、よほどの有名人であっても、本人が望む言い伝えが残るとも限らない。人間とはそういうものだから、割り切るしかないと思う。そのようなことを述べ、次のような印象的な言葉で締めくくっています。

「思い出とは、きっと、本人の胸の中で輝《かがや》き、本人の終わりと共に消えてゆくものなのです。あなたの思い出である写真を生前に処分するか、なりゆきに任せるかは、ご自身の決断です」

この記事を読んで、私も確かにそうだと、深く感じ入りました。

そして同時に、大切な思い出はしっかりと自分の心の中に刻《きざ》まれるので、多くの写真が残っていなくても、本当に大切な数枚が手元にあるなら、きっとそれを手がかりにたくさんの記憶が蘇《よみがえ》るはずだと思いました。

けれど、日々の暮らしの中で、古い写真をながめている時間がかけがえのないものなら、無理をして処分する必要はないでしょう。

「自分が亡くなった後、この写真はどうなるんだろう?」ということまで気に病まないことが何より大切なのかもしれません。

第2章

「少し先の心配」も整理してみませんか？

――毎日をスッキリと過ごすために

09

健康面のモヤモヤ――「かかりつけ医」に質問できていますか？

老後の生活と医療は、切り離しては考えられません。それだけに、まず大切なのは医師や病院と良い関係を築《きず》くことです。

普通、ある程度の年齢になれば、自分の「かかりつけ医」がいるでしょう。よく「もう先生には十年も診《み》ていただいています」と、お付き合いの長さと信頼の深さを「比例」して考える人もいますが、単に受診《じゅしん》を重ねるだけでドクターとの信頼関係が築けるわけではありません。

かかりつけ医と良い関係を築くには、何よりも、こちらが納得するまで質問を重ねて、話し合うことが大切です。

「何時間も待って診察《しんさつ》は五分」という多忙な医療現場では、医師とじっくり話すのは難しい――と、初めから諦めている人もいるようですが、現在は「インフォームド・コンセント」（正しい情報を得た上での合意）を重視するようになっていて、昔より、ずっと患者の声を受け止めてくれるはずです。

ですから**「質問ばかりすると先生に嫌われる」とか「質問して時間を取らせるのは迷惑だろう」というような思い込みは捨てて、治療に必要なことはきちんと聞くように心がけましょう。**そうしたやりとりの蓄積こそが、老後のより良い医療につながるのです。

ただし、こちらの明らかな準備不足で、医師に無用な時間や二度手間を取らせるようなことは、避けるべきでしょう。

もし、「診察室に入ると聞きたいことを忘れてしまう」「どう切り出していいか分からなく、結局は質問できなかった」「次回、また同じことを聞かなくては」という経験がある人は、走り書きでも構いませんので、あらかじめメモに質問したい内容を整理して箇条《かじょう》書きにしておきましょう。たとえば、

1. 来月、二泊三日で旅行に行っても良いか？
2. 眠くならない薬に替えてほしい
3. 最近、耳鳴《みみな》りがするが、これは薬のせいなのか？

このように書いておけば、診察室での聞き忘れを防げます。このメモは自分が見て分かればいいので「旅行、眠くならない薬、耳鳴り」と書いておくだけでも良いのです。

診察室に入ると緊張する人は、事前に受付で「今日は先生に、○○と○○について聞きたいのですが……」と落ち着いて話しておけば、診察前に医師に伝えてもらえるでしょう。

医師も限られた時間の中で多くの患者と接しますので、一人のために多くの時間を割《さ》くのは難しいかもしれませんが、患者が必要とする質問には答える義務があります。こうした患者の要望をきちんと受け入れてくれるかどうかが、ドクター選びの判断材料になるかもしれません。

また、お互い人間ですから、医師と患者の間にも相性《あいしょう》というものがあります。「この先生に診てもらうと、なぜか安心できる」と感じられる医師となら、より自然なコミュニケーションができるものです。

相性の良い医師や病院を選ぶには、いろいろな理屈よりも「何となく落ち着く」「感じが良い」といった直感が役立つことも多いようです。

そして、普段からドクターとの意思の疎通がうまくできていれば、急な手術や入院が必要な場合でも落ち着いて対処できるはずです。

医師とのしっかりしたコミュニケーションの蓄積は、何より、いざという時の不安をなくし、日常生活においても心を軽くしてくれるでしょう。

10 生前に「エンディングノート」を書く大切さ――心と身辺の整理を

最近、多くの書店や文具店《ぶんぐ》で取り扱っている「エンディングノート」。これは、自分史や家系図、財産整理、家族への伝言など、自分が他界した時に備えて、もろもろを書き留めておくノートのことです。

インターネットでダウンロードできるサービスもありますし、自分の好きなノートに書き記しておくのも良いでしょう。

Sさんは、親友のAさんの死をきっかけにエンディングノートを書くことにしました。というのも、父親の突然の他界によってAさんの子どもたちが混乱し、仲違《なかたが》いしてしまう姿を間近で見たからです。

Aさんは、妻に先立たれて、未婚の娘さんと二人で元気に暮らしていました。

それまで病気知らずだったため、自分が突然帰らぬ人になるなど考えたこともなく、それは同居の娘さんも、近くに居《きよ》を構える息子さんも同じでした。

ところが、救急車で運び込まれた病院で延命処置について医師から尋《たず》ねられた時に、兄妹で意見が分かれました。結局、どうするか兄妹で揉《も》めている間に、Aさんは息を引き取ってしまったのです。さらに葬儀の規模についても、戒名《かいみょう》についても兄妹の意見が分かれ、親友だったSさんが「たしかAさんは生前、こんなことを言っていた……」という話をしたことで、何とか収まりがついたそうです。

Sさんはそれまで、「死んでしまえば何もかもなくなる。その先のことを考えたって仕方がない」と思っていました。

けれども、**自分の死後についての「意思」をきちんと伝えておかなければ、ただでさえショックを受けている家族が、さらに揉めることになってしまう――。**それだけは、避けなくてはいけないと強く感じたのでした。

正式な遺言書と違って、エンディングノートには「こう書かなければいけない」という決まりはありませんが、おおよそ次のような内容を書いておくと良いでしょう。

①「自分史」について——特に自分の幼少時代など

卒業した大学や勤めていた会社などは遺族にも分かりますが、小中学校時代となると、伴侶は知っていても、子どもにまでは知らされていない場合もあります。自分の歩んできた道ですから、人生を振り返るためにも記しておきましょう。

また、最近では自分の家の家紋《かもん》や菩提寺《ぼだいじ》、宗派なども知らない若い人が増えています。それらも書いておけば、葬儀の際などに一目瞭然で親切です。

②財産について——家族に「誤って」捨てられないために

これには預貯金や有価証券、不動産だけでなく、趣味で集めたコレクションなども含まれます。

趣味の物は「その筋の人」にしか価値が分からないことも多いため、「ガラクタだと思って捨ててしまったけれど、ものすごく価値のあるものだった」と、後で家族が悔しい思いをすることにもなりかねません。

一般的に価値が高くない物でも「○○と箱に書いてある掛け軸は、お世話になった○○さんが欲しがっていたので、ぜひ差し上げてください」とか「○○の小説シリーズは稀覯《きこう》本なので図書館に寄贈《きぞう》してほしい」などと、ノートに書き込んでおくと良いでしょう。

③万が一の時について――突然の事故、延命処置、認知症……

突然の事故や急病で倒れた時に「延命処置」はどうするかや、臓器提供の希望などについても書き込んでおきます。

また認知症が深刻になった場合に、自宅で介護《かいご》してほしいのか、施設への入所を希望するかなど、本人の意思をひととおり書いておくと、家族は揉めずにすみ助かります。

④葬儀やお墓について――自分の死を知らせてほしくない人も

葬儀の規模やお寺へのお布施《ふせ》の額ももちろんですが、自分の死を誰に知らせてほしいのか、逆に「知らせてほしくない人」なども記されていると、遺族は助かるでしょう。また、最近ではお墓を作らずに散骨《さんこつ》を希望する人も増えています。そういった多様な内容も、率直に書き込んでおけるのが、エンディングノートの良さなのですね。

「エンディングノートなんかを書くと、すぐに死ぬみたいで気分が悪い」という人も当然います。けれども、死は誰にでも平等に訪れるものですし、生きているうちに自分の意思を記しておけば、死後もそれが尊重されるわけです。

少なくとも、曖昧《あいまい》なまま「故人の遺志」をめぐって、家族が仲違いをしたり、まったく見当違いのことをされる心配はなくなります。

最近では、三十代、四十代の女性が「死ぬまで自分らしく生きる」ための意味も込めて、エンディングノートを書き始めるそうです。死を前向きに受け止める彼女たちの姿勢に、今のシニア世代も大いに学ぶべきではないでしょうか。

11 「生前の墓づくり」「新年に自分の墓参り」で内面と向き合う私

かつては、葬儀屋さんやお寺に全部お任せすることの多かったお葬式ですが、最近では「形式化」したお葬式を嫌って、戒名や祭壇《さいだん》の設置を辞退したり、逆にオリジナルの演出で葬儀を行なうなど、お葬式の「あり方自体」を見直す動きも目立っています。

無駄なお金を使わない簡素化した葬儀も注目され、家族葬や個人葬といった形式に対する関心や理解も高まり、故人の個性を色濃く映《うつ》し出す「セレモニー」へとシフトしつつあるのが実情でしょう。

たとえば、写真をスライドショーで見せる映像葬、樹木を墓碑《ぼひ》とした樹木葬、海や山などに遺灰を還《かえ》す自然葬など、パッケージ化された式典より故人らしさを表現した、実に多彩なセレモニーの形を選ぶことができます。

また、昔は夫婦が同じお墓に入るのが当然でしたが、最近では故人の希望で別の場所に納骨《のうこつ》したり、それぞれの望む場所で散骨したり、その自由度もますます高まっているようです。

こうした社会全体の風潮《ふうちょう》とともに、生前に自分のお墓を建てる「墓づくり」も年々増えていて、特に定年をひとつの節目に、記念碑としてのお墓を建てようという動きが盛んです。

生前の墓づくりの理由はさまざまですが、「お金のことで家族に迷惑をかけたくないから」「早めにお墓を建てるのはかえって縁起《えんぎ》が良いから」という人も多く、それなら思い切って「自分らしいお墓を作ろう」と、ゴルフ好きがゴルフボールを模《も》したお墓を作ったり、犬を飼っている人が愛犬と一緒に入れる特別のお墓を作ったりするケースもあります。

実は、私自身も四十代半ばにして自分のお墓を建て、毎年新年には自分の墓に参るようにしています。

まだ若いうちに自分の墓を作った理由は、「そろそろじっくり腰を落ち着けたい」と思ったからです。**それまで目まぐるしく転勤や引っ越しを繰り返していた生活のリズムを、ゆったりしたものに変えたいという願いもありました。**

こうしてやっと定住の地を見つけ、自分の墓を建ててみると、とても穏やかで静かな心境になりました。新年に「自分の墓参り」をすると、心が洗《あら》われるような気持ちになるのです。

自分の墓に向かって、自己の内面と対峙《たいじ》することで迷いも吹っ切れ、毎年心新たにスタートできるだけでも、お墓を建てた意味はあると思っています。

もちろん生前の墓づくりは、誰にでもすすめられるものではありませんが、一年に一度や二度、さまざまな「終活《しゅうかつ》」を通じて、普段は意識しない自身の心の声に耳を傾けてみるのも良いのではないでしょうか。

「終活」を機に、スッキリ生まれ変わった気持ちを味わえば、以後の人生の楽しさも深さも、いっそう増すに違いありません。

12 安心の住居を考える——「家庭内事故死」が圧倒的に多い高齢者

年を取ると足腰が弱くなって、思わぬところでつまずいたり、転倒して骨折したり、若い頃には考えられなかったトラブルにも見舞われるものです。

高齢者に関しては、実は「家庭内事故死」のほうが交通事故死よりも多いという結果になっています。

家庭内事故で亡くなった人の八六％が六十五歳以上と圧倒的に多いことからも、老後の生活で安全に暮らせる住まいは、若い世代が考えている以上に大きなテーマでしょう。

危険を少なくするために「リフォーム」する場合は、まずはプランをしっかり立てることが大事です。

今は住宅メーカーでも、リフォームに力を入れている企業が増えていますから、住宅展示場を回って、最新の設備を見ながら計画を立てるのも良いでしょう。

また、介護を意識したリフォームを行なう場合には、介護される側とする側の両方の使いやすさを考えておく必要があります。大まかな「介護リフォーム」に

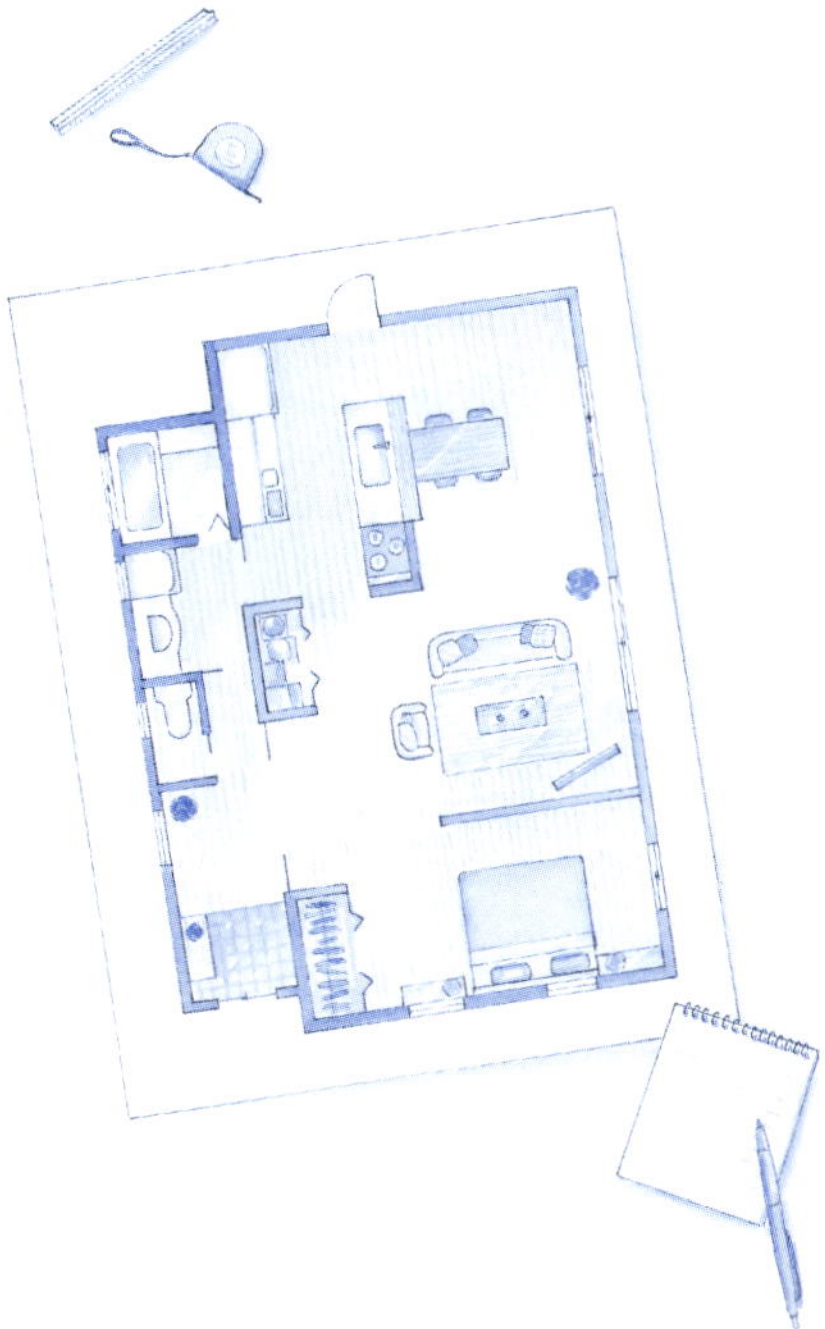

ついては、次の点にまず気をつけましょう。

◎老後の生活は、できる限り一階で完結する形に近づける
◎洗面所、トイレ、浴室などの水まわりはできるだけ一ヵ所にまとめ、寝室から廊下を通らずに直接トイレへ行けるようにする
◎寝室はベッドのほうが生活しやすく、介助《かいじょ》が必要になった時でも対応しやすいので、慣れる準備をしておく

ただし、老後を迎えてからの大規模な改築は、経済的にも負担が大きいため、十分に検討しなければなりません。また、リフォームして実際に使う人生の残り時間も計算すれば、「どうせやるなら早いうちに」という考え方もあります。

「日曜大工」を老後の趣味にして、楽しみながらコツコツと住まいの手直しをしていったという人もいますから、**住まいづくりは、やはり焦《あせ》らずマイペースで取り組むのが基本のようです。**

13

物置代わり――使わない「子ども部屋」を放置していませんか？

一戸建てに住んでいる年配の方に「今、子ども部屋はどうされていますか？」と聞いてみると、意外なくらい多いのが「実は子どもがいた時のままで、物置のような状態なんですよ」という返事です。

たとえば、定年を迎える人の子どもであれば、すでに三十歳前後が多いでしょう。就職や結婚などで現在は別居しているのなら、もう子ども部屋は必要ないはずなのですが、多くの場合は、子どもが学生だった頃と同じ状態で放置されているようです。

それだけならまだしも、なかには自宅で保管しきれない荷物を実家に預けて、便利な倉庫、物置代わりにしている子世代も多く、ますます子ども部屋は活用度の低いスペースになっていると思われます。

しかし、**固定資産税をしっかり払いながら、家の中で自分たちが何も利用していない空間があるというのは、もったいない話です。**「老後の生活スタイル」を見直すと同時に、改めて子ども部屋の有効利用を考えてみてはどうでしょうか?


子ども部屋のリフォームでは、まず夫婦の寝室を二つに分けて、個々のベッドルームとして活《い》かすというのが人気のあるプランです。

子どもが学校に通っていた時代はもちろん、仕事をしていた時は通勤のため、夫婦そろって決まった時間に起きていた人が多いと思います。けれども、仕事をしなくなると起床時間や就寝時間が異なって、夫婦別々の部屋のほうが都合良く過ごせるというケースも少なくありません。

こうした希望は、特に奥様から出されることが多いようです。「長年、夫のイビキに悩まされてきたけれど、もう勘弁《かんべん》してほしい」とか「隣《となり》で動かれると夜中にすぐ目が覚める」「そろそろ一人で、ゆっくり眠れる寝室が欲しい」といった理由を挙げて、夫婦別室の暮らしを提案されますが、反対にご主人が寝室を別にしたいと望まれるケースは、めったにないということです。

その他には、老後は体力が何より大事だと、子ども部屋をトレーニングルームに改造して、筋トレやストレッチを楽しんでいるご夫婦もいます。

「自宅でもルームランナーやサイクルマシンが使えるので、雨の日もトレーニングができますし、わざわざ専用の部屋を作ったことで、運動に対するモチベーションは上がりましたね」という感想も聞かれるように、これは「運動を習慣にしたい」という希望を持つ人には、おすすめのプランと言えるでしょう。

また、「夫婦二人でスポーツジムに通うと結構なお金がかかるので、その点では経済的にもプラスだと思います」「夜出かけるのは億劫ですが、夕食後も家で運動できるのが良いところです」といった意見もあり、アクティブな老後の生活スタイルを考えるには参考になるアイデアかもしれません。

これらが「動」のプランだとすれば、子ども部屋を茶室《ちゃしつ》や書斎、図書室などの

「静」のプランに転換する方法もあります。

特に何か趣味で究《きわ》めたいものや、物づくりなどじっくり取り組みたいものがある場合は、こうした模様替《もようが》えもいいでしょう。

老後の人生にとって、自分の趣味はそれまでの仕事に替わる大きな要素になりますから、このくらい重点を置くのは当然です。むしろ模様替えがきっかけとなって、趣味への関心は増すはずです。

そして、もうひとつは子ども部屋を、友人知人とのオープンスペースとして活かす案です。

俳句や絵画などのサークルを開催して仲間と趣味の共有をしたり、ご近所の主婦を集めて郷土《きょうど》料理の研究会を開いたり、将棋《しょうぎ》や囲碁《いご》の愛好クラブを開くなど、小さなコミュニティの場にすることで、新しい人間関係を築くこともできます。

お付き合いの輪《わ》が小さくなりがちな老後だからこそ、積極的に自分の家を交流の場に提供するのも、ひとつの有意義な方法ではないでしょうか。

さらに、もし子ども部屋が玄関の近くで、他の部屋を通らなくても行ける場合には、「貸し部屋」として活用することも考えられます。

たとえば学習塾や書道教室、幼児教室などにレンタルスペースとして貸し出すことができれば、額はわずかでも定期的な収入が得られますから、家計の助けになります。

そこまでいかなくても、他のコミュニティの会合の場に臨時で貸し出すなんてこともできるでしょう。

このようにアイデアや条件次第で、新たな活用がいくらでも可能な子ども部屋ですから、何年も手つかずのまま放置することのないよう、よく考えてみてください。

ただし、いずれの場合にも事前に子どもとよく話し合い、了解を得た上で模様替えするのが基本です。**子どもが久しぶりに帰省したら、いきなり自分の部屋がなくなっていたというのでは、ビックリしてしまいますよね。**

まずは、大掃除の時期と合わせるなどして子どもに自分の部屋をチェックしてもらい、不要な品を選別して整理することから始めましょう。

もちろん、子どもが小さい時の思い出のまま、その部屋を大切に残しておきたいという方もいると思います。

けれども、ただ何となく手つかずのままになっているのであれば、思い出は心の中に大事にしまっておいて、「新たな生活プラン」を考えることも老後には必要です。

一度、夫婦で子ども部屋をどうするか話題にされてみてはいかがでしょうか。

14
「収納スペース」が増えるほど、物が片付かなくなる罠

不動産屋さんに「最近人気があるのは、どんな物件ですか？」と質問すると、「一戸建てでもマンションでも、収納スペースの多い家が人気ですね」という答えが返ってくるはずです。

これは日本が高度成長期を迎え、電化製品などが急速に普及した頃から今も続く傾向です。現代でも「シンプルライフ」→「スッキリした生活」→「居住空間になるべく物を置かない」→「収納スペースの多い家」という考え方が主流で、家づくりでも収納の利便性が大きなポイントを占めています。

ですから、マンションや住宅の広告チラシ、パンフレットには「大型ウォークイン・クローゼット完備」とか「充実した収納スペース」「たっぷり入る収納力

でお部屋スッキリ」といった謳《うた》い文句が並んでおり、それが高齢者の転居の際の住まい選びでも、変わらず大きな基準になっているようです。

ちなみに、住まいの中の収納スペースを計算するには「収納率」という数値を使いますが、これは住宅の床《ゆか》面積に対する収納面積の割合です。

つまり、収納率の数値が大きいほど収納場所が多いことになりますが、この値《あたい》には一般にクローゼットや押し入れなど、高さが一八〇センチ以上ある収納だけが含まれ、小さな収納庫などは当てはまりません。

それでは一軒当たりどのくらいの収納容量があれば良いかというと、一戸建てでは約一二〜一五％、マンションでは約八〜一〇％の収納率が望ましいとされています。

ところが、仮にこれ以上のスペースがあっても、**長く住むうちにだんだん室内に物があふれて、結局、収納力に物足りなさを感じるという体験をされている人は多いのではないでしょうか？**

では、なぜ十分な収納力があるのにスペースが足りないと感じるかといえば、それは「人間はゆとりがあるほど、節制《せっせい》が効かなくなる」からです。

つまり、通常より大きなサイズの服やズボンを買うと、楽ちんなので安心してダイエットのことなど頭から忘れてしまい、結果的に油断してどんどん太ってしまうようなものです。

「スリムな体形」を維持したいなら、やや小さめのサイズの服を着るぐらいが、ちょうど良いのかもしれません。

キャパシティに余裕があれば、「あるだけ溜め込む」のが人間の習性なので、たとえば最近のシンプル・インテリア術では、「収納グッズを買わない」というところからコーディネートが始まります。

収納グッズを買うと、その中に何をしまうかを熱心に考えるようになり、根本的な「スッキリ」（最初から買わない、不要な物は捨てる）とは逆方向に働くわけですね。

ですから「最初から収納スペースは小さめに設定」「収納グッズは置かない」、

そして「目いっぱい詰《つ》め込まない」というのが、新しい収納の考え方になりつつあるようです。

高齢者の方でスッキリ暮らしたいのになかなか物が片付かないとお悩みなら、こうした収納に対する「新しい考え方」も参考にしてみてください。

「収納スペースが多ければ、すべて解決する」という長年の固定観念を捨てるところからも、「老後の整理術」は始まるのではないでしょうか。

第3章

明日が楽しみになる「お金のやりくり」

——大切なのは「現役時代」の心の整理

15 大切なのは「心のゆとり」――節約生活でみじめになっては本末転倒

「消費が美徳《びとく》」と考えられ、多くの人が買い物や旅行に興《きょう》じたバブルの時代からすでに二十年以上――。

長引くデフレ不況にもようやく明るい兆《きざ》しが見え始めた気もしますが、庶民《しょみん》の財布の紐《ひも》は固く結ばれたままです。消費税の増税も考えれば、シニア世代が油断なく節約生活を心がけるのは当然かもしれません。

しかし、気をつけなくてはいけないのは、「心まで貧しくなってはいけない」ということです。

まだ年が若く、家族や自分の将来の夢のために、三度の食事を二度に減らしても厭《いと》わない世代でしたら、たとえ貧しく過酷《かこく》な状況でも笑って乗り越えられるのでしょう。

けれども、ある程度の年齢に達したら「節約生活＝みじめな生活」という図式は避けたいものです。

そこで参考にしたいのが、戦後の貧しさを抱えたままの昭和二十年代に撮られた映画『東京物語』や『麦秋《ばくしゅう》』です。こうした小津安二郎《おづやすじろう》監督の作品を見ると、豊かではないけれど小さな誇りを大事にしながら凛《りん》として生きる、日本の庶民の精神性が垣間《かいま》見えて清々《すがすが》しい印象を受けます。

物質的には、決して豊かとは言えない暮らしの中でも、考え方次第で心豊かに生きられることを現代に教えてくれているのです。これらの作品は「みじめさを感じない節約生活」の大きなヒントになるのではないでしょうか？

実際、何十万円もする高い洋服を身につけながら、少しも品良く見えない人もいれば、バーゲンで買った服を上手に組み合わせて、とてもお洒落に見える人もいます。これは、店頭で支払う金額と実際のコストパフォーマンスは、必ずしも比例しないということです。

それならば、お金をうまく節約しながら、実際の出費以上の効果が得られればとてもお得で「やった！」という気分にもなりますね。

しかし、いつも電卓を片手に一所懸命に計算をして、いくらかの節約ができたとしても、あなたが眉間《みけん》に皺《しわ》を寄せて「必死の形相《ぎょうそう》」になっていたのでは、本末転倒です。お金のゆとりは、結局のところ「心のゆとり」を生み出すためのものでなくては意味がありません。

第一、自分が楽しいと思うことでなくては、定年後も長年にわたって続けられるものではないでしょう。

若い頃のように、ただ将来のために我慢する節約生活ではなく、**これまで培《つちか》ってきた長年の知恵で「日々の暮らし」を楽しむのが、中高年世代の節約生活の理想なのです。**

ことさら禁欲《きんよく》的になる必要はないのですが、店頭や広告の商品を見て「あれも欲しい、これも欲しい。けれども何とかして我慢する――」という子どもじみた考え方からは卒業するのが、洗練された節約生活の第一歩です。

節約を心がけることは、「最初から無駄のない」シンプルライフを実現するためのひとつの手段でもあります。

こうした節約のあり方を身に付けていけば、自然とシェイプアップされた日々の暮らしを手に入れられるはず。贅肉《ぜいにく》のないスリムな家計と、そこから得られる「心のゆとり」を目指して、今日から大人の節約ライフを始めましょう。

16

高齢者になるほど「インターネット」の活用で格差がつく

これほどインターネットが普及した時代ですから、きっと上手にネットを利用して、快適な生活に役立てている年配の方もたくさんいるでしょう。

けれど、節約という視点から見ると、まだまだ「ネットを活かしきる」というところまでは到達していない人が多いように思われます。

そこで、高齢者が暮らしに取り入れると非常に便利なサービスや、ネットならではの特典をいくつか紹介しましょう。ほんの小さな違いに見えても、いざという時に助かったり、不安や心配を取り除いたり、長く続ければ大きな違いが出るサービスもあります。

うまく使いこなせば、単にお金だけでなく、時間、労力、気遣《きづか》いなどを含めた老後の頼りになる「節約術」になるはずです。

①ネットバンキング――「残高照会」で行列に並ぶのはうんざり

年金の支給日ともなると、銀行の窓口やATMでの大混雑に辟易《へきえき》とされている方は多いと思います。

ネットバンキングでは、何より銀行に足を運ばず、行列にもイライラせず、夜でも振り込みや残高照会ができるのが魅力です。出かける時間がない場合や雨・雪の日でも、自宅のパソコンで好きな時に利用できれば助かりますよね。

今では、ゆうちょ銀行をはじめとして、都市銀行やほとんどの地方銀行でネットバンキングを開いています。窓口の負担が軽くなるため、店舗を利用する場合より手数料が割安になっていたり、ネット支店の定期預金は一般の金利より高く設定されているのもメリットです。

ネットで手続きをするというと不安に感じるかもしれませんが、ハッキングの被害などに対しては、預金者に過失がなければ全額補償されることが、全国銀行協会で取り決められています。

また「月末に引き落としがあって、残高は大丈夫だったか」とか「期日通りに入金があったか知りたい」など、気にはなるけれど、わざわざ店舗に出向くのも大変という場合でも、すぐに確認できるのが大きな利点ですね。

②ネットスーパー——生活必需品の買い物も次第に「重労働」に

「自分の年齢」を意識し出した人に役立つのが、ネットスーパーでしょう。このところ大手スーパーなどの参入が相次ぐネットスーパーでは、特に高齢層の利用者が大きな位置を占めています。

利用者がネットスーパーの良さとして最も評価しているのは、自宅へ配送してくれるので「重たい物や、かさ張る物を持って歩かなくてすむ」という点です。

都心でも少し郊外に行くと、高齢者用の「手押し車」に買い物袋を載せて、長時間歩いているお年寄りの姿をよく見かけます。

そろそろ足腰や膝《ひざ》の痛みが本格的に気になる世代にとって、重いビンやお米、かさばるトイレットペーパーの包《つつ》みなどを持ち帰るのは重労働なので、それが解消できるのはとてもありがたいものです。


その他にも「介護などで家を空けられない時に助かる」「冷凍食品が低温のまま玄関まで届くのがうれしい」「事前に電子チラシを見て、必要な商品だけ選ぶので衝動買いがなくなる」といった利用者の声も多いとか。

また、送料や代引《だいび》き手数料も、一定の金額を達成すれば割引や無料のサービスをしてくれるスーパーがほとんどなので、月に何度か計画的にまとめ買いをするのがお得です。

いつも車やバスで買い物に行く人には、もちろんガソリン代や交通費の節約になりますし、外出しなければ途中の自販機で飲み物を買ったり、疲れたので喫茶店で食事といった予定外の出費もなくなります。

悪天候でも体調がすぐれなくても買い物ができるネットスーパーは、慣れれば高齢者の心強い味方になってくれるでしょう。

「タイム・イズ・マネー」の言葉もありますが、毎日出かけたり、お店で長時間立って商品を選んだり、重い荷物を持ったりするなど、若い頃と比べて負担が大きくなる時間をコンパクトにすることも、立派な「老後の整理術」と言えるでしょう。

17 現役を引退したら「他人の評価を気にしない」勇気も必要

残りの人生、タテマエより自分の本音に従って正直に生きたいと思うのなら、「他人の評価を気にしない」という勇気も必要です。

不祝儀《ぶしゅうぎ》だけでなく、盆暮れの挨拶や年賀《ねんが》などの贈答も、現役時代と同様に惰性《だせい》でいつまでも続けるのは感心しません。

やはり定年退職は区切りをつけるベストタイミングですから、最後の贈り物に添えて「いよいよ年金暮らしになりますので、今後はお便りでのご挨拶にてお許しください」といった手紙を送りましょう。

実はこうしたケジメは、自分のためだけではありません。**状況はお互い様なので、「そろそろ贈答のやりとりはおしまいにしたい」と考えている先方のために**

も役立つのです。

もし、先方が同年輩《ねんぱい》で定年を迎える年齢なら、お先に「贈答辞退」の申し出を伝えれば、相手に余計な心遣いをさせなくてすむと考えましょう。

そして、これまで義理でつながっていた人間関係を密度の濃いものだけに整理縮小して、本当に大切な人とのお付き合いに重点シフトしていけば、生活の質も自然と充実するはずです。

また友人知人関係だけでなく、親戚《しんせき》付き合いも、なるべく簡素にすませるようにしてはどうでしょうか。

たとえば、遠方での法事《ほうじ》などは、よほど自分に重要なものでない限り、丁重《ていちょう》に辞退させていただいても良いのではないでしょうか。

年齢を重ねるほど、お互いの家庭の事情や経済状態など、相手の立場に対する理解は深まります。そして、大勢が参加すれば迎える側の負担も増えますから、辞退することで、逆に相手の出費や手間が省ける場合もあるのです。

ただし、親戚の中には「義理を欠いたら人間は終わりだ」とか「それではこちらの顔が立たない」「お世話になったのに顔を出さないとは何だ?」と大義名分《たいぎめいぶん》を振りかざす人がいるかもしれません。

そういう場合は、「年のせいか具合が悪くて、遠出《とおで》はできそうにないので」とか「血圧が高くて不整脈《ふせいみゃく》もあるから、万が一そちらで何かあったら迷惑をかけてしまう。今回は遠慮させてほしい」などと健康のことを理由にすれば、あまり文句は出ないでしょう。

それでも抵抗を受けるようなら「実はお金がなくて、交通費もままならないんです。あなたがお金を貸してくれれば行けるんだけど、いくらぐらいなら都合《つごう》がつくだろうか?」と、捨て身の作戦に出る方法もあります。

いずれにしても、これからはどの人が、自分が生涯付き合っていきたい相手なのか、どの人が形式だけのお付き合いで十分なのか、よくよく考えてみるべきなのです。

18 「一点贅沢主義」の生活スリム化
――あなたの価値観の見せどころ

年齢を重ねてからの節約には、もうひとつ大事なことがあります。

それは「暮らしにメリハリをつけるのを忘れない」という点です。

「今日から、無駄遣いを絶対にしないようにしよう！」と意気込んで節約生活を始めた人によく見られるのが、「全方位型の節約パターン」です。

光熱費はもちろん、食費も衣料費も交際費もすべて一律にスケールダウンし、生活全般の質を抑えてしまうタイプですね。

生活をスリム化するのは結構なのですが、これでは「ただの貧乏生活」と変わりません。それでも、毎日が楽しくて仕方がないというのなら、それは構わないのですが、もし欲求不満やストレスが募《つの》るようなら改善が必要です。

第一、ここで目標としているのは、スッキリと整理された「心軽やかな老後の暮らし」を実践するための節約なのです。ただ不自由を耐え忍ぶような生活では意味がありません。

では、何を心がければ良いかというと、それこそが「メリハリ」なのです。

いつもは一汁二菜《いちじゅうにさい》を基本とした粗食《そしょく》の食卓でも、毎週土曜日には友人たちと好きなお酒を楽しむ会合の場に変わることもあるでしょうし、毎朝の紅茶を飲むカップだけは「英国王室御用達《ごようたし》」のブランドで雰囲気を楽しむというこだわりもあるかもしれません。

それこそ、自分が大好きなものや大事と思うものに対しては「一点贅沢《ぜいたく》主義」でお金を惜しまず、日々の暮らしに、くっきりとしたアクセントをつける方法です。

「ここだけは！」というところに重点を置けば、その他の部分にあまり配慮をしなくても心は満たされるものです。若い頃と違って、ストレスを発散するにしても体力的に無理がきかない高齢者だからこそ、意識して生活にメリハリをつけることがとても大切です。このバランスさえ取れていれば、節約生活もそれほど苦になりません。

ある時、近所に住む六十歳過ぎのご夫婦が、早朝からお揃《そろ》いのトランクを手にお出かけの様子でした。

「旅行にでもお出かけですか？」と聞いたところ、「ええ。毎年二人で海外旅行に行くのが唯一の楽しみなんです。今年は前から興味のあった、ナスカの地上絵を見に行くんですよ」と、期待で胸がはちきれんばかりの返事でした。

いつも飾り気のないジーンズ姿でつましい暮らしぶりのご夫妻が、一年に一度の旅を心から楽しみにしているのが伝わってきて、こちらまでうれしくなるような朝でした。

「大きな目的があるから、それに向かって苦しくても頑張れる」

「とびきり満足感のあることをすれば、他で欲求不満が溜まらない」

という心の動きは、脳科学的にも非常に重要です。

やはり「メリハリをつける」ことが大事であって、目標に向かって自らのモチベーションをキープして気持ちを高揚《こうよう》させたり、達成感や幸せを実感することで脳内ホルモンを分泌《ぶんぴつ》させたり……。こうした脳の働きは「心身の若返り」だけでなく、認知症やうつ症状の予防にも大いに役立ちます。

暮らしのアクセントのために「賢く貯めて、楽しく使う」大人流の節約術は、あなたが人生で培ってきた価値観の見せどころでもあります。

19 現役引退後も「子どもや孫のスポンサー」になるほうがおかしい

人間誰でも、自分の子どもや孫は可愛いものです。ましてや「お祖母《ばあ》ちゃん、お祖父《じい》ちゃん、大好き！」と可愛い笑顔を見せられたら、何でもしてあげたいと思うのは人情かもしれません。しかし、現役で働いて夫婦で十分な収入があった頃と、定年を迎えた後とでは、経済状況がまるで違います。

年々、これまでの蓄《たくわ》えも目減りするような年金暮らしでは、いつまでも「気前の良いお祖母ちゃん、お祖父ちゃん」ではいられないのではないでしょうか。というより、むしろ現役引退後もいつまでも子どもや孫の「スポンサー役」に甘んじているほうが問題のように私には思えるのです。

これまでを思い返してみてください。お孫さんが誕生してから、ずっとお金やプレゼントをあげてきませんでしたか？　誕生日やお正月、クリスマスといった記念日以外の普通の日にも、お小遣い、おもちゃ、洋服、お菓子などをあげてきませんでしたか？

誰だって、次々とプレゼントをもらえばうれしいものです。しかも、特にお願いしなくても「お前はこれが欲しかったね」と、自分の好物を察してくれたり、買い物に行くとその場で何でも買ってくれたりすれば、その人が大好きになるに違いありません。けれども、子どもや孫に惜しみなくお金や物を与えることは甘えを生み、ひいては親や祖父母に、過度に依存する生き方につながります。

やがて、それが当たり前の関係になり、「くれないほうがおかしい」という変な関係に陥ることもあるのです。こうした甘えの構造を打破するには、試しにプレゼントを全部やめてみるか、「今度から、お誕生日以外には何も買ってあげられないけれど、分かってね」と伝えてみることです。こうすると、一時的にお孫さんは戸惑《とまど》うかもしれません。「お祖父ちゃん、お祖母ちゃんなんて、もう嫌い！」と言うかもしれません。

でも、想像以上に子どもの適応力は高いので、意外とすぐその状況に慣れるはずです。ただし、何の説明もなくやめると「自分はもう愛されていないのでは？」「何か悪いことをしたのだろうか？」と不安な思いを抱かせますから、しっかりと話をして、こちらの思いを伝えるようにしましょう。

この時、「子どもだから経済的な難しい話は分からないだろう」と思い込んで、話を簡単にすませるのは感心しません。子どもといえども、こちらが真正面から向き合って真剣に話せば、案外、そうした事情や気持ちは伝わるものです。

「お祖父ちゃんもお祖母ちゃんも、もうお仕事を辞めてしまったから、自由に使えるお金がとても少なくなったの。あなたのことは、これからもずっと大好きだけど、プレゼントをあげるのは、今度からお誕生日だけにさせてね」

というように正直に話せば、子どもの心にもきっと思いは届きます。

ガッカリするかもしれませんが、これは、お孫さんの依存心が過剰になるのを防ぎ、自立心を「芽生《めば》えさせる」ための大事なプロセスでもあります。

第4章

健康的に「食べる喜び」いつまでも

――「身も心も軽快」な食生活のコツ

20 「腹八分に医者要らず」——食事制限と健康の研究が世界中で進む

「年を取ると、すっかり食が細くなってしまって、もう一度にたくさんは食べられないわ……」

「若い頃は焼肉やステーキをお腹一杯食べたものだけど、今では、こってりしたものより、サッパリしたものが良いよね」

中高年になるとこんな会話がよく聞かれますが、これはいわゆる自然の摂理《せつり》です。年とともに基礎的なエネルギー消費量も減り、多くのカロリーを必要としなくなるので、食事の量が減るのは理にかなっているのですね。

むしろ心配なのは、年を取っても一向に食欲が衰えず、肥満《ひまん》傾向のため糖尿病や高脂血症《こうしけつしょう》などのリスクを抱えた人たちでしょう。

ただ、食欲旺盛《おうせい》で美味《おい》しそうに食事する人は、いかにも健康そうに見えるのか、**「食欲は健康のバロメーター。人間、美味しく食べられるうちが花だよ」とか、「無理して食べるのを我慢するとストレスが溜まって、かえって身体に悪い」などと、食いしん坊《ぼう》に味方するような風潮があるのも事実です。**

でもやっぱり、消費しきれないカロリーを溜め込んで内臓肥満を加速させたり、弱ってきた消化器官に過度な負担をかけたりするのは、決して健康的とは言えません。

江戸時代の儒《じゅ》学者・貝原益軒《かいばらえきけん》が書いた『養生訓《ようじようくん》』には「腹八分《はちぶ》に医者要《い》らず」という教えがあります。この考え方は世界共通のようで、英語にも「軽めの食事は長寿につながる」ということわざがあります。

もともとは、食べ過ぎないことで贅肉をつけず、身も心も軽くしている人は長生きをするというものですが、それに基づいて「腹八分が健康に良い」という教訓が生まれたのでしょう。

日本人が肥満に悩むようになったのは、ここ半世紀ほどのことです。長寿と飽《ほう》食《しょく》の時代を同時に迎えた現代では、「腹八分」という食習慣が健康に対してますます重要な意味を持つようになってきました。

また、経験則としての腹八分だけではなく、科学的な検証も進んでいます。動物による実験では、二〇%のカロリー制限によって体脂肪、血圧、血糖値、中性脂肪値などが大きく改善されたというデータがあります。

さらに食べ放題にさせたマウスよりも、食事の量を八〇%に制限したマウスのほうが、平均寿命が長いということも分かりました。

カロリー制限と健康との関係は、「遺伝子レベル」での研究にもつながっています。寿命や老化をコントロールする遺伝子には、摂取カロリーと関係するものが少なくないことから、世界各国で「食事制限と健康」についての研究が盛んに進められているのです。

21 台所の見直し――毎日の食習慣は「調理器具」に縛られる？

「ついつい料理を作りすぎてしまって、いつも残り物が多いの」

「料理が残ると捨てるのがもったいなくて、結局、食べ過ぎてしまう……」

毎日の家事で、もうすっかり熟練の域《いき》に達した年配の主婦でも、こんな悩みを持っている人は多く、「食のスリム化」もすんなりとはいかないようです。

そこで、食材をお得だからといって大量にまとめ買いしないようにしたり、小分けに保存して少しずつ使うようにしたりと、知恵を絞《しぼ》っているようですが、この際、長年続けてきた「台所の習慣」をしっかり見直さないと、食のスリム化は難しいでしょう。

もう夫婦二人で暮らしているのに、子どもたちが育ち盛りの頃の食生活が今も記憶に残っていて、「どうしても炒め物や煮物《にもの》の分量が多くなりがち」という話も聞きます。

確かに同じものを調理するにも、**ちょっぴりより大量に作ったほうが美味しいのは事実ですし、大盛りのお皿がたくさん並ぶ食卓は幸せな家庭の象徴のようで、その雰囲気をなるべく変えたくないと思っても不思議ではありません。**

ただ、夫婦二人や一人暮らしになった食事で、いつまでも過去の食習慣を続けていると、やはり余り物や無駄が出て、身体にも環境にもエコロジーな生活とはとても言えません。

そこでおすすめしたいのが、調理器具自体をワンサイズ小さなものに思い切って変えてしまうことです。

長年愛用した鍋やフライパンに思い入れがあるのは分かりますが、たとえば小さなフライパンに換えれば、炒め物なども自然に（物理的に）量を減らすことができ、小鍋で煮物を人数分だけ作れば、一度に食べ切ることができます。

鍋が大きいままだと、つい「多めに料理を作って、後で何度かに分けて食べるほうが省エネ・効率的」と発想しがちです。

しかし実際には、時間が経てば風味《ふうみ》は損なわれますし、だんだん同じ料理に飽きてきて、最後は無理やり我慢して食べるか、結局、捨てる羽目にもなってしまうのです。

年を重ねて食が細くなったら、なおさら一回ずつ人数分の料理を作る習慣に切り替えたほうが、できたての美味しさを味わえます。

毎日の食習慣が、実は使っている台所の調理器具で、無意識に縛られているということはよくあります。

サイズや容量、使い勝手などについて、どれが自分たちの老後の暮らしに一番フィットするかを見直し、新しく選んでみると良いでしょう。

22 栄養過多の時代――「一日三度の食事」がベストとは限らない

今では「朝、昼、晩」と一日三度の食事をすることが規則正しい生活の基本と思われていますが、実は日本で三度の食事が当たり前になったのは江戸時代以降で、それまでは「一日二食」が一般的でした。

平安時代の食習慣は普通、朝飯と夕飯の一日二食だったことが清少納言《せいしょうなごん》の書いた『枕草子《まくらのそうし》』にも記されていますが、この時代の終わり頃には中国の影響を受けて、一部の貴族や高僧《こうそう》の間で一日三食の食事が流行《はや》ったようです。

それが庶民《しょみん》の間でも広がり、一日三食が一般化したのは江戸時代のこと。この背景には、ロウソクが普及して夜起きている時間が長くなり、一日三食の習慣が広まったのではないかと言われています。

これは西洋でも同様で、一日三食が定着したのは一八〇〇年以降で、それほど古い習慣ではないのです。

もちろん一日三食になったおかげで日本人の体格は向上し、労働力の強化にもつながったのですから、その功績は十分にあったでしょう。しかし、一日三食は絶対の定められたルールではないのです。

これから、身体を作っていこうとする「若い育ち盛りの年代」にとっては、一日三食は大きな意味があるでしょう。

しかし、老後の域に入ってエネルギー消費量もぐんと低くなった世代の場合は、他の選択肢があっても良いのではないでしょうか。

現役世代でも、朝はどうにも食欲が出ないという人もいますし、自分には一日二食のほうが合っていると感じている人も少なくないと思います。

今の日本では、たとえ一日二食でも、栄養失調に陥るようなことはまず考えられませんから、自分自身の判断で、食事の回数やスタイルを決めても特に問題はないでしょう。

たとえば禅宗《ぜん》のお寺の中には、今でも「修行僧の食事は一日二食」と定められているところがありますが、厳しい修行を続けるお坊さんたちの印象は、極めて健康なものに見えます。

栄養過多の飽食の時代にあって、かえって朝食抜きの生活や、一日一食・二食という食事をすすめる研究者も多く、そのほとんどが自ら食事回数の少ない食生活を実践しています。昔から「風邪《かぜ》の時は食事を抜いて、お腹を干《ほ》したほうが早く治る」といった言い伝えもあった日本人にとって、こうした考え方は意外とすんなり受け入れられるものかもしれません。

いずれにしても、過剰な栄養摂取がマイナスになる中高年の世代では、世間の決まりきった食事のルールに縛られず、自分の体調に合った食習慣を実行していけば良いのではないでしょうか。

「朝食を完全に抜くのは抵抗がある」という人は、朝は野菜や果実《かじつ》のジュースだけを摂《と》るという方法もあります。ただし朝食を抜く場合は、一日の水分の摂取量も減ってしまいがちなので、努めて水分を摂るように注意してください。

23

「人生で食事を楽しむのはあと何回？」——老後こそ量より質の食べ方を

男性の同窓会で昔の仲間が集まると、必ず飛び出すのが「若い頃はラグビー部だったから、そりゃあよく食べたものさ。皆で『食べ放題』の店に行くと、たいていは店の人に嫌な顔をされたな」という若い頃の「大食い自慢」です。

たまには健啖《けんたん》だった昔を懐かしむのも良いのですが、今まで述べてきたように年を取れば、食に対する考え方にも方向転換が必要になってきます。

その方向転換の一番のポイントは、「量より質」への意識的な切り替えです。

若い頃は、とにかくボリュームたっぷりで食べ応えのあるメニューに魅力を感じていた人も、年齢を重ねるとともに、だんだん味や食材のクオリティに関心が移っていくのが一般的です。

そうなると、安くて量があるものより、本当に美味しいもの、味わい豊かなものを食べたいと思うようになるのです。

「人生の中でふと、あと何回食事を楽しめるのだろうと考えたら、一回一回の食事をいい加減にすませてはもったいないと思えたんです。それで、これまで以上に食事には気を遣うようになりました」

こう話すFさんは、料理を「老後の趣味」として選び、週に一度の料理教室で和食を学んで、家でも蕎麦《そば》を打つほどの腕前になったそうです。

会社に勤めていた頃は、料理は奥様に任せっきりで、台所にも入らなかったのですが、同じく老後の趣味として始めた釣《つ》りで魚を持ち帰っても、自分でさばけないのはどうかと思い、料理を習い始めました。

そうすると、今度は釣りより料理のほうが楽しくなって、今では奥様と料理の腕を競い合うほどになったといいます。

「基本的には質素な献立《こんだて》なんですが、一品だけは『こだわりのある食材』を取り入れて、満足感のあるメニューにしているつもりです。他にはこれといった贅沢はしていませんが、月に一度、妻とちょっと良い店に外食に出かけるのが一番の楽しみです」

会社員時代とはまったく違う楽しみができて、充実した生活を満喫《まんきつ》しているFさんと同様、奥様も食には強いこだわりを持っています。しかし、その関心はFさんとは別の方向に向かっているようです。

「私も美味しいものには目がないのですが、それ以前に『食の安全』を考えてしまうのです。最近は、輸入食品の危険性も話題になっているので、食品を購入する際は、老眼鏡《ろうがんきょう》持参で、じっくり調べてから買うようにしています」

このように、夫婦とはいえ、食へのこだわりは人それぞれです。いずれにせよ高齢になると、食事は心身の健康を左右する重要なファクターですから、決しておろそかにできないことは確かです。

また、**毎日の食事を作るのを「面倒くさい」と感じるか、今度は何にしようか「楽しみ」と思うかでは、単調になりがちな老後の生活では大違いです。**

質素でシンプルにまとめた献立の中に、ひとつ旬《しゅん》のものを取り入れたり、ご当地の産物《さんぶつ》や手作りのデザートを加えたりするなど、こだわりのあるアクセントを持ってくることで、クオリティの高い食卓を演出できるでしょう。

24

医者にかかる前のセルフコントロール
——食べ過ぎを防ぐコツ

ある程度の年齢になったら「食べ過ぎが禁物」なのは誰でも知っていることですが、それでも食欲や美味しいものの誘惑には勝てず、体重が増え気味という人も多いでしょう。

もちろん、糖尿病のリスクがある肥満傾向の人や、医師から内臓脂肪型肥満を指摘されたメタボ体型の人なら、言いわけ無用でダイエットに専念しなければなりませんが、ちょっと気をつければ肥満は免れるという中間層の人は、何とかセルフコントロールで健康体重を維持しましょう。

そこで現役世代、定年後を問わず、食べ過ぎを防ぐための日常生活のヒントをいくつか紹介します。

①見える場所にお菓子や果実を置かない――食欲は「視覚」に刺激される

食欲は「視覚」によって刺激されるものですから、目につくところにお菓子や果実などを置かないようにするのは鉄則です。

昭和の世代ですと、食卓やこたつの上に蜜柑《みかん》やお菓子の籠《かご》が置かれていた家庭も多かったと思いますが、目につくとやっぱり食べてしまうものです。どうしても甘いものが欲しい時は、食後に小さいケーキや和菓子をゆっくりいただくのがおすすめです。

②ダラダラ食べるのをやめる――「ながら食い《ぐ》」は記憶に残らない

食べ過ぎの大きな原因のひとつは、「ダラダラ食べる」癖《くせ》が抜けないことです。口寂《くちざみ》しくてお菓子を食べたり、小腹《こばら》が空いておにぎりを食べたりするのを防ぐためには、決まった時間に、決まった場所でいつも食べるように習慣づけることが何よりです。

特にリビングでテレビの番組を見ながら、食べている実感や味もあまり分からないのに惰性《だせい》でおやつをつまむのはタブーです。何かを食べる時は、必ず食卓で「いただきます」を言ってからにしましょう。

③ゆっくり時間をかけて食べる――「満腹」を感じるには時間がかかる

お腹が空いている時は、どうしても「早食い」になりがちです。しかし人間が「満腹《まんぷく》」と感じるまでには少し時間がかかるので、なるべくゆっくり食べるのが食欲全体をコントロールする大切なカギになります。

まず、食べ物を口に入れたら「しっかり噛《か》む」のが一番ですが、その間は箸から手を離すようにします。食事中にいちいち箸を置くのは面倒と思うかもしれませんが、その面倒さが食欲を抑えるのに効果的です。

また、衝動的に何か食べたくなったら、「とりあえず五分間待つ！」と自分に言い聞かせて我慢してみるのも良いでしょう。時間をおいただけでも、ストレスなどの心理的な食欲が抑えられて、結局食べずにすむこともよくあるのです。

④食物繊維の多いものから食べる――生野菜のサラダ、具だくさんの味噌汁

「食べる順番ダイエット」が話題となり、食事の初めに野菜を食べるようにする人も増えてきました。これは、食べ過ぎ防止にとても効果のある方法です。野菜で先に満腹感が得られるのと同時に、野菜に含まれる食物繊維が血糖値の上昇と、脂質の吸収を抑える働きをしてくれるためです。

生野菜のサラダを食前に食べるのが一番やりやすい方法ですが、和食の場合はコンニャクや根菜《こんさい》の煮物など、食物繊維《せんい》の多いものを最初に食べると良いでしょう。あるいは、具だくさんのスープや味噌汁を前菜《ぜんさい》にするなど、日によって変化をつけるのも良いアイデアです。

⑤食生活の家計簿――「レコーディングダイエット」で体重を管理する

体重とともに、毎日の食生活（食べたもの、時間、場所、その時の気持ちなど）を記録していくのが「レコーディングダイエット」です。いわば家計簿をつけるのと同じような感覚ですね。体重や生活の変化を敏感に感じとることで、ダイエ

ットに向き合う姿勢をキープできるのが良いところで、地道なウエイトコントロールができます。さらに、「後で記録に書かなきゃ（面倒くさい、恥ずかしい）」と思ったら、食欲のほうが抑えられる心理的な働きも期待できます。

食べ過ぎを防ぎ、息の長い体重管理をするなら、お金もかからず、あくまで「マイペース」でダイエットに取り組めるこの方法が良いでしょう。

25 食べる楽しみ、喜びをいつまでも満喫できる「心の贅沢」を

老後の食生活をセンス良く、上質に演出していると評判の女性がいます。そのコーディネートの秘訣《ひけつ》は、「良い食器を惜しまず出して使う」ことだとか。

彼女は、若い頃から大事に集めてきた趣味の茶器《ちゃき》などを、退職を機に、すべて普段の生活で使うようにしました。

高価な茶器、思い入れのある一品を茶碗《ちゃわん》として実際に用いたり、他にも煮物を盛り付けたりして日常的に使うと、ただ大切に眺めていた時よりも、ずっと心が豊かになったそうです。

また、手の込んだテーブルセッティングをすれば、当然のことながら洗う食器

の数も増えますし、準備や片付けに手間もかかります。

そのため一見、「老後の整理術」とは相反するように見えるかもしれませんが、すべてを効率優先でひとまとめに整理するやり方では、暮らしはとても味気《あじけ》なくなるのも事実です。

一番の目的は、老後の生活を心軽やかにすることで、そのためには省くものは省き、楽しむものにはとことん凝《こ》るといった「メリハリ」が何より大切なのです。

「食べること」は、人生の非常に大きな部分を占めています。

老後の楽しさを半減させないためにも、食べる楽しみ、喜びをいつまでも満喫できるよう、ちょっとした「心の贅沢」は持ち続けるようにしたいですね。

26 定年後の「朝食」は夫婦の大問題——「モーニング」も活用

毎日電車で通勤していた頃は時間の節約のため、トーストと目玉焼き、サラダにコーヒーというメニューを飽きずに何十年も続けてきたTさん。

定年後はせっかくだから、炊《た》きたてのご飯に塩サケ、卵焼《たまご》き、漬物、味噌汁といった典型的「和朝食」を楽しみにしていたそうですが、この申し出は奥さんから却下されてしまいました。

なぜなら、朝からそんな手の込んだものは作りたくないし、経済的とも思えない。どうしても和食が食べたいなら、自分で作ればいいという理由からでした。

がっかりしたTさんが、お隣のご主人に愚痴《ぐち》をこぼしたところ、返ってきたのは「なんだ。そんなことなら、ファミレスの『モーニング』に行けば良いさ。実は私も週に二、三回は通っているんだよ」という答えでした。

さっそく翌朝、駅前のファミリーレストランに出かけてみると、洋食だけでなく、三〇〇円台で納豆と味噌汁の付いた和朝食セットを発見。Tさんはすっかり気に入って、「モーニング」時間の常連になったそうです。

このように、老後の「自由度の高い」生活では、たとえ夫婦でも相手になるべく負担をかけずに、自分の望みを叶《かな》える工夫が必要になります。それがお互いのストレス軽減や心の整理にもつながるのです。

Tさんの場合は、人に相談してどんどん外に出ていく積極性があったので満足のいく結果になったのですが、もし心の中で我慢するタイプの人なら、せっかく定年を迎えたのに自分の願いが受け入れられなかったことで、小さくない不満を抱えたかもしれません。

反対に奥さんが妥協して、毎朝早く起き「ご主人好みの和朝食」を作り続けていたら、それにより彼女がストレスを蓄積していったことでしょう。

いずれにせよ、二人でいる時間が飛躍的に増える老後こそ、夫婦が「遠慮のない意見」を交《か》わす必要があるのです。夫婦どちらか一方が、いつも我慢するという「心の不安定な状態」は避けなければなりません。

Tさんの場合はこの後、奥さんも比較的安価で朝食を作らないですむモーニングセットの魅力を知り、ご夫妻で週に二、三度、ファミレスでの朝食を楽しんでいるそうです。

そしてモーニングを食べに行く習慣は、「自分の好きなものが食べられる」「作る手間を省ける」といったこと以外にも、二人に良い影響をもたらしました。それは、以前より夫婦仲が良くなったことです。**外出するにはそれなりに朝から身なりを整え、特に奥さんは薄化粧《うすげしょう》をします。このことが、「くたびれ気味」な夫婦に活力を吹き込みました。**また、朝ファミレスに行ったついでに散歩するようになり、歩きながら夫婦でたわいのない会話を楽しむ時間も増えたのです。

朝食は一日を始めるきっかけですから、できるだけ爽《さわ》やかなスタートを切りたいもの。「朝から外食なんて」という固定観念は捨てて、時には賑《にぎ》やかな雰囲気の中で香《かお》り高い「モーニング」のコーヒーを楽しんでみてはいかがでしょうか？

第5章

最後は「細く長く」が良いお付き合い

――人間関係も「終着点」がいずれ来る

27

「たくさんの人と付き合いたい」から「今後もつながっていたい」へ

私たちは多くの人に囲まれて暮らしています。無人島生活でもない限り、人は人と出会い続け、その数は年齢に比例してどんどん増えていきます。

若い頃は、知り合いや友達、取引先の多さが勲章《くんしょう》のように思えて、できるだけたくさんの人と付き合いたいと思いますが、年齢を重ねると、これまでのようにすべての人と付き合うというわけにはいきません。

時間やお金の問題はもちろん、体力も気力も、若い時と同じではないからです。

だからこそ、老後の暮らしを迎えたら、人間関係にも整理が必要です。

基本的には「数より質」で、付き合いの深さにシフトチェンジしていきます。

現役時代と同じように、顔つなぎのためにあちこち「顔を出す」ような人間関係からは卒業し、本当に大切な人、長くつながっていたい人とのご縁《えん》をより深くしていきたいものです。

分かりやすい例として、年賀状のやり取りについて考えてみましょう。

まだ社会人として活躍している時は、親類や友人の他に、仕事関係の人からも数多くの年賀状が届きます。しかし定年退職後も、それらすべてに応えていくのは大変です。一枚六二円ほどのハガキでも、数が多くなれば金額だって馬鹿にならないでしょう。大量の印刷をまとめて注文しているなら、なおさらです。

だからといって「会社を辞めたら、会社や取引先がらみの年賀状はスパッとやめるべき」などと、乱暴なことを言うつもりはありません。

ただ、いかにも儀礼的で、印刷された文面にひと言も手書きの挨拶が添《そ》えられていないような相手については、翌年の名簿《めいぼ》に入れるかどうかを考え直しても良いということです。

それは、自分が書いている年賀状についてもいえます。

たとえば印刷した年賀状に、何も書き添える気持ちにならない相手は、おそらくその後も人間関係が「発展」する可能性は低いはずです。思い切って、年賀状のリストから外してしまっても良いのではないでしょうか。

ただし「老後の整理術」として大切なことは、「何人もリストから外してハガキ代が浮いた」「書く時間が節約できて助かった」で終わりにしないことです。

リストに残った人たちは、今後もつながっていきたいご縁の人というわけですから、浮いた時間やコスト、労力のすべてとは言いませんので、一部分だけでも余計に時間を割き、より丁寧な対応をしたいものです。

これまで、いろいろ忙しくて「今年もよろしく」とひと言添えるのが精一杯だったら、「定年を迎えて時間に余裕ができました。今年こそ、一緒にお食事したいですね」「暖かくなったら、温泉にでも行きませんか?」などのように、きちんとその相手に届くメッセージを書き込んでみるのはどうでしょうか?

「今年もよろしく」だけでは、手書きといえども儀礼的な印象になりますが、自分なりの言葉が添えられていれば、それを読んだ相手は「○○さんとのお付き合いはこれからも大切にしたい」と思ってくれるはずです。

28 干渉と責任――「親の人生」と「子どもの人生」を混同しない

普通に考えれば、子どもは大きくなればなるほど、手がかからなくなるものです。そして成人を迎えたり、学校を卒業する頃には、社会的にも「一人の大人」として認められ、親も子育てから卒業できるはずです。

しかし現在、子どもが三十~四十歳になっても、まだ「親業」をやめられないシニア層が増えています。というのも、「結婚しない」「結婚できない」男女が増え続けているからです。

主婦のYさんには、四十三歳になる息子さんがいます。Yさんは一日も早く孫の顔が見たいので、あちこちに声をかけてお見合いの相手を探してもらっていたのですが、何回お見合いをしても、あと一歩というところで決め手に欠け、結局はうまくいきません。さらに四十歳を越えた頃から、お見合いの数も激減しました。

結婚に対して積極的になってくれない息子に対し、**Yさんはイライラを募らせると同時に、「私の育て方がいけなかったのだろうか？」「いつまでこの子の世話を続けなくちゃいけないんだろう？」と落ち込むことが増え、ついには体調まで崩してしまいました。**

さて、Yさんのように親業から卒業できず、悩みを抱える老親たちは、どうやって心の整理をつければ良いのでしょうか？　どうすれば沈んだ気持ちを軽くし、自分たちの老後を心軽やかに過ごせるのでしょうか？

こうした問題で一番大切なのは、「子どもはいつまでも子どもではない」と割り切ることです。

今のシニア世代には「働いて、結婚して、子どもを作ってこそ一人前」という考え方が染みついています。

しかし、現在の若い人たちの考え方やライフスタイルは変化していて、自分の家庭を持つという生き方に魅力を感じない人も増えています。将来的には不安定というリスクを承知の上で、ずっとシングルで自分のやりたいことだけを存分にやりたい――。そういう選択も珍しくありません。

そして、どう生きるかを決めるのは結局、子どもたち自身なのです。たとえ親といえども、そこまで過度に干渉すべきではないでしょうし、最後まで責任が取れるものでもありません。

だからこそ、子どもが自分の「生活基盤」を固めて最低限の自立ができたら、それが子育て卒業のタイミングです。いつもまでも世話を焼いたり、必要以上に口出しするのはやめましょう。

そうしないと逆に、子どもはますます親離れのタイミングを失い、いつまでも親の目を気にし、お互いに依存し合う関係になってしまいます。

Yさんと同様に、なかなか結婚しない三十代後半の娘に不安を抱えた主婦のRさんは、「もう孫は諦めた」と、柴犬《しばいぬ》を飼い始めました。その愛らしさに、それまでの日々の不安や淋《さび》しさは一気に吹き飛び、「ああ、もっと早く犬を飼えば良かった」と思ったそうです。

ところが世の中、何が幸いするか分からないもので、娘さんが柴犬を散歩させていた時に、同じく愛犬家の独身男性と知り合い、年もそんなに変わらなかったせいか、あっという間にゴールイン。現在Rさんは、可愛らしい孫二人と愛犬に囲まれて、忙しいけれど幸せな毎日を送っているそうです。

縁とは不思議なもので、諦めたと思った瞬間に状況が変わるケースもあるのです。

いつまでも「私が親なんだから、最後まで何とかする（何とかできる）」という思い込みは捨てるべきです。それは親の責任感として非常に立派ですが、裏を返せば、親の傲慢《ごうまん》でもあります。

子どもの人生はあなたの人生でもなければ、あなたの人生は子どもの人生でもないのです。「自分の子どもといえども、もう大人――。道を外しさえしなければ良い……」と思えれば、ずっと気が楽になるでしょう。

29 長期化した「大人のひきこもり」は自分たちだけで抱え込まない

近年、深刻な社会問題として「大人のひきこもり」が取り上げられるようになりました。

少し前まで、ひきこもるのは「不登校の子ども」というイメージがありましたが、だんだん高齢化して、現在は二十代から三十代の人に増えているようです。なかには四十代以上のひきこもりの人もいて、当然、親は老後と呼ばれる年齢に達しています。

二〇一〇年に内閣府が実施した、ひきこもりに関する実態調査によると、「ふだんは家にいるが、近所のコンビニなどには出かける」「自室からは出るが、家からは出ない」「自室からほとんど出ない」という人が二三・六万人。「ふだんは家にいるが、自分の趣味に関する用事のときだけ外出する」が四六万人。合わせると約七〇万人のひきこもり人口があると発表しています。

さらにひきこもりが長期化すれば、親も子も当然、年を取ります。**もはや子どもとはいえない年齢の息子や娘が、仕事も家事も外出もせずに家にいるとしたら、親としては心穏《おだ》やかな老後を過ごせるはずがありません。**では、いったい、どうすれば良いのでしょうか。

世間体を気にして、「養《やしな》えるうちは親が責任をもって養う」という考えの人もいます。また「もう諦めているよ。自分たちが死ねば、子どもも自分で何とかするだろう」という人もいるでしょう。

しかし、ひきこもりは長期化すればするほど解決が困難になりますから、親の気力や体力が残っているうちに、立ち上がったほうが良いのは事実です。

立ち上がるといっても、「アルバイトでも良いから働きなさい」とか、「もっと自分の将来を考えろ」と叱りつけても効き目はありません。そんなことは本人が一番よく分かっていますし、第一、ひきこもりが始まった頃に、さんざん言い聞かせているはずです。

長期化した大人のひきこもりについては、やはり専門家のアドバイスを受ける必要があります。最近では、ひきこもり解消のため、行政もさまざまな相談窓口を設けています。一人で抱え込まず、勇気を出して訪ねてください。直接の窓口が見つからなくても、役所や保健所などで聞いてみれば、相談に乗ってくれるはずです。

適切なカウンセリングや職業訓練を受けることで、社会復帰した人は数多くいます。なぜなら、社会復帰を心のどこかで強く望んでいるのは、親より本人たちだからです。

ずっとひきこもっている人間が、自分の力で第一歩を踏み出すのは容易ではありません。だからこそ「世間体が悪いから、人様の力を借りたくない」などと抱え込まずに、専門家に相談するところから始めてみてください。それが穏やかな老後につながる第一歩になるはずです。

30

退職後の「主人在宅ストレス症候群」——ある日、突然の離婚届

真面目《まじめ》に定年まで勤め上げ、無事に退職したものの、会社で働いていた時の癖がちっとも抜けず、いつまでも肩書きや上下関係にこだわる男性がいます。

長い間の会社勤めで抜きがたい習慣になったのか、こういう人に限って家でも上司風《かぜ》を吹かせるようになり、会社にいた時のような命令口調で「本当にお前は要領が悪い」「お前も家事のプロなら、もっと気の利いた料理を作ってみろ」などと、奥さんに対して、まるで自分の部下のように文句を言ったりするのです。

仕事で忙しい夫が定年を迎えて、やっと夫婦でのんびりした生活ができると思っていた奥さんにとって、会社の延長線上にあるこうした暴言は耐えがたいショックです。

こんな時、ちょっと勝気《かちき》な奥さんなら、「私はあなたの部下じゃないし、ここは会社じゃありませんから！」「文句を言うなら、勝手に自分で作ればいいじゃない！」と反撃に出るでしょう。

けれど、**自己主張の苦手な奥さんは言葉に出さず、じっと感情を溜め込んでしまいます。**だからといって家の中では逃げ場もなく、ある日突然、離婚届を突きつけて夫が慌てる羽目にもなりかねません。

こうしたケースのように、定年後の夫が家にいることが原因で妻が強いストレスを感じ、体調を崩してしまう「主人在宅ストレス症候群」が社会問題になっています。それが原因で「熟年離婚《じゅくねんりこん》」を招くことも少なくないのです。

この病気は、夫が一日中家にいて自分は何もしないくせに、妻に細かい指図をして、強いストレスを与えることから起こります。

そうした「亭主関白《ていしゅかんぱく》」タイプに文句の言えない気の弱い妻は、次第に精神的なストレスが溜まり、心身症とよく似た「主人在宅ストレス症候群」の症状が出るわけです。

31 物を「借りた」「預かったまま」亡くなると、家族が面倒なことに

「ねぇ、お母さん。誰かに何かを借りて、そのままになってない？」

孫を連れて遊びに来た娘さんから、いきなり言われて驚いたTさん。

「急にどうしたのよ？　意味が分からないけれど」と問い返してみると、友人の亡くなった父親が、人から骨董《こっとう》品を預かっていたようで、それを返すように催促されているけれど、どこにあるのか分からなくて困っているのだとか……。

そんな話を聞いて娘さんは、自分の親も他人から何かを借りたり、預かったりしているのなら、元気なうちに返しておいてほしい、両親に何かあった後に突然知らない人から言われても困る――と言うのです。

「そういえば……」

娘さんに言われてTさんは、結婚式の時に旧来の友人から着物の帯揚《おびあ》げを借りていたことを思い出しました。

「滅多《めった》に使わないから、急いで返さなくてもいい」と言われていたのと、何か洒落たお返しをしたいと考えあぐねているうちに、ずるずると時間が経ち、そのうち借りていることさえ忘却《ぼうきゃく》の彼方《かなた》となっていたのです。

「他にも何かありそうな気がする……」と慌てたTさんは、大掃除をかねて部屋を整理したところ、本、CD、写真、雑貨、雨の日に借りた傘など、借りたまま返していない物が細々《こまごま》あったのに気づきました。

「これではいけない。自分が元気なうちに貸し借りの整理をしておかなければ」と心に決め、Tさんは借りた物をすべて返却しました。

物の貸し借りにだらしのない人は「別に高価な物じゃないなら、返さなくてもいいだろう」と思うかもしれませんが、どれほど大切かは本人でなければ分かりません。

それに、冒頭の娘さんの友人のケースのように、貸した人はあくまで故人に貸したのであって、亡くなられたのなら自分に返してほしい、ここで主張しないと貸した経緯を知らない遺族からは二度と戻ってこないかも――と不安になるのもごく自然な発想です。

言うまでもなく「借りた物は返す」のが世の中の当然のルールです。また借りた物を返す際には、それなりの心配りが大事になります。

借りた相手が近くに住んでいるのなら、ちょっとした手土産を持って「どうもありがとうございました。お返しするのが遅くなりまして、申し訳ありません」と、お詫《わ》びと感謝を伝えるのが良いでしょう。

もし貸主が遠方にいるのであれば、手紙にお詫びとお礼を書いて、郵送などで返します。

借りた物を返す時に添えるお礼の手紙には、貸していただいたことへのお礼と、借りたことで助かったという喜び、さらに、返すのが遅くなった場合はそのお詫びも記します。

具体的には、次のような内容になると思います。

「陽春《ようしゅん》の候《こう》、皆様お変わりなくお過ごしのことと存じます。

さて、二年前に写真をお借りしていたにもかかわらず、お返しが大変遅くなりまして、申し訳ございませんでした。

ご迷惑をお掛けいたしましたことを、心よりお詫び申し上げます。

当時は、お貸しいただいた写真のおかげで制作が順調に運び、大変に助かりました。ご協力くださった○○様には心より感謝いたしております。

本日は、心ばかりのものですがお送りさせていただきましたので、皆様でご賞《しょう》味《み》くだされば幸いです。

まだまだ寒い日が続きますので、風邪など引かぬようご自愛《じあい》くださいませ。

それでは簡単ではございますが、書中《しょちゅう》にて、お詫びならびにお礼を申し上げます。」


このように、こちらの気持ちが率直に伝われば、あまり堅苦《かたくる》しい言い回しは必要ないでしょう。

老年期には、お付き合いの幅もスリム化して、どんな物でも貸し借りは極力控えるようにしたいのですが、問題なのは、かなり以前に借りてそのままになっているものではないでしょうか。

大掃除の時にでも持ち物をよくチェックして、人の物が見つかったら、なるべく早急にお返しして、身辺をスッキリ片付けましょう。自分が亡くなってから、遺品整理をする家族のことを思えばなおさらです。

借り物を丁寧にお返ししたことがきっかけで、旧来のお付き合いが復活したケースもありますから、一度持ち物の総点検をしながら、これまでの交友関係を思い返すのも悪くないでしょう。

32

「そろそろ特別扱いもいいもんだ」——細く長く、良いお付き合い

生活スタイルが大きく変わる定年後は、友人との趣味の付き合いの形や頻度《ひんど》も現役時代とは異なってきます。

あるお宅では、これまでご主人がゴルフクラブで月二回のプレイをし、奥さんが二ヵ月に一回の国内旅行を楽しむという習慣が定着していました。

しかし、収入が少なくなる定年後は、もう少し節約にも努めたいと考え、趣味の活動を控えめにすることに決めました。

生活も遊びも、パワフルにこなしていくには体力も少し不足気味になっています。夫妻は、お互いの趣味の会のメンバーにも了解してもらって、自分たちの活動を少しスローダウンさせようと思ったのです。

本音は、せっかく知り合いになったメンバーとは今後とも仲良くしていきたいけれど、従来通りの会の運営スケジュールでは、経済的にも体力的にもちょっとついていけない……。

ただ、これをそのままメンバーに伝えると、「自分だけ好きなペースで参加させてほしい」といった自分勝手な印象を与えてしまうかもしれません。

同じような悩みに直面した夫妻でしたが、ご主人が逆転の発想で「そろそろ特別扱いもいいもんだ作戦」というものを考案。パソコンに向かって、何やら文章を打ち込み始めたご主人の手元を見ると、それはクラブへのお願いでした。

「クラブメンバー各位

当クラブに入会してから十年にわたり、皆様方とゴルフを通して楽しさを分かち合ってまいりましたが、老年期となって、楽しみ方に少しアレンジを加えさせていただきたいと思います。

体力的な衰えが目立つ昨今、月に二回のラウンドは足腰への負担が大きく、さらにリタイア後の身には、経済的負担も大きいため、勝手ながら今後は月一回の参加とさせていただけないでしょうか。

わがクラブには、すでに四人の定年メンバーが在籍しているので、私のような希望を持つ者のため、クラブ内に『シニア部』を設けていただけるよう合わせてお願いいたします。

これまでメンバーの皆様と温めてきた友情を絶やすことなく、健康なシニアスポーツを楽しむために、細く長く、いいお付き合いのできるシニア部の設立にぜひお力をお貸しください」

今の心境を素直に表現したご主人のお願いはクラブ内で認められ、他のシニアメンバーの大歓迎も受けたといいます。

「所変われば品変わる」のことわざ通り、環境や時代の要求に応じて、社会も組織も少しずつ変化していくものです。シニア世代が、新しいルールやコミュニケーションの方法を自ら求めて作っていくのは、とても頼もしいことだと思います。

33 老後の人間関係――年を取ると「感情のセーブ」がしにくくなる？

年を取ってから「友達の輪」を広げようとする時に心に留《と》めてほしいことが、「嫌いな人」を作らないようにすることです。

「誰が、好きこのんで嫌いな人など作るものか」と言われそうですが、働き続けてきた人は、無意識のうちに人間関係を敵味方で分けたり、「あの人よりこの人のほうが上だ」と、上下関係のバランスで見がちです。あるいは「対等の関係」というのが苦手なのかもしれません。

そして自分より格下だと判断したり、生意気と感じたり、好ましく思わない人に対しては口調がキツくなったり、上から目線になったりするものです。

こうした態度が目立つようになると、次第に浮いた存在となり、「あの人はど

う も苦手だ」などと陰口《かげぐち》を叩かれるようになるわけです。

また年齢を重ねると、感情のセーブができにくくなるのをご存知でしょうか？ **ちょっとしたことで大きな声を上げてしまったり、イライラがいつまでも続いたり、自分が話すのに夢中で人の話を聞かなかったり、細かいことにこだわって譲れなくなったり……。**

まだ現役の方は、「自分はそんなことしないよ」と思われるかもしれませんが、さりとて若い頃と比べて、最近思い当たる節もあるのではないでしょうか？

さらに、社会人時代に「やり手」と呼ばれてきたような人たちほど、自分と相手の意見が食い違った時には、どちらが正しいか白黒《しろくろ》をつけたがる傾向があります。

もちろん、自分が絶対に正しいと思い込んでいるため、「私が間違っていました」と相手が認めるまで自分の意見をまくしたてるのです。ひどい時には、議論の正しさよりも「自分が勝つか負けるか」にこだわって、無理矢理にでも相手を論破《ろんぱ》しようとさえします。

これでは地域社会や趣味のサークルなど、老後のコミュニティの中では、相手からも周囲からも煙《けむ》たがられて当然でしょう。

そうならないためには、できるだけ相手の良いところに目を向け、悪いところについては「見て見ないふり」をする努力が大切です。

世の中にはいろいろな人がいますが、「本当に嫌な人」というのは案外少ないものです。「あいつは嫌な奴だ」と自分が思い込んでいるだけ、ささいな理由で自分が苦手意識を持っているだけ——というほうが圧倒的に多いのです。

そしてあなたが苦手に思っていることは、必ず相手にも何となく伝わります。こちらから「あなたに親しみを抱いています」という態度で接すれば、たいてい相手もこちらに好意を示してくれて、友好関係が深まっていきます。

老後の人間関係は「誰とでも対等」で、何より心地良いものにしたいですね。せっかく手に入れた新たな人間関係がストレスに変わらないよう、できるだけ広い心で周りと接するようにしましょう。

第6章

老後の「イライラ」を整理する技術

——気持ちの切り替え上手こそ「幸せの達人」

34 自分に厳しい人ほど、老後はさらにイライラやストレスが増える

「上司として、部下の模範《もはん》となる実績や態度を示さないといけない」「教師である以上、人に後ろ指を指されるような生き方はできない」「○○家の嫁なら、品位のある行動をしなければ周りに恥ずかしい」など、さまざまな事情と制約の中で暮らしている私たちですが、**一生そのまま肩書きや立場に縛《しば》られていたのでは、息が詰まりそうですね。**

確かに「昇進するまでは必死で頑張ろう」「独立するには精一杯努力しなければならない」などと一定の期間、目標に向かって全力で努力することは大事ですが、老後を迎えたら、そろそろ「自分の人生はこうあるべき」といった枠を取り払っても良いでしょう。

いつまでも、「～であるべき」という考えに囚《とら》われていると、せっかく目の前にある老後の楽しみを逃《のが》すようになってしまいます。

現役を退《しりぞ》いたのに、上から目線で周囲に「分からないことがあれば私に聞きなさい」と言う人や、「まだまだ体力も頭脳も若い者に負けない」と、ことさらに若さをアピールする人は、実は「若々しく頼りになる先輩」をいつまでも演じようと必死なのかもしれません。

もともと真面目で模範的な生き方をしてきた人ほど、シニアになっても厳しく自分を律《りつ》する傾向があるようです。

しかし老後の域に差しかかったら、こうした制約から解き放たれて、解放感のある人生も楽しまなければ、もったいないのではないでしょうか。

定年をひとつの区切りとして、もう少し「肩の力を抜いた人生」を再スタートさせるのも良いものです。

そのためには、今まで「～してはいけない」と思ってきたものを、あえて「～しても良い」と考え直してみるのはどうでしょうか。

たとえば、「夜は早めに寝て早起きしなければいけない」というのを「たまには夜更《ふ》かしして朝は九時に起きても良いだろう」にします。

「いつもきれいに家を掃除しなければ」を「ホコリでは死なないのだから、二〜三日なら掃除をさぼっても良い」にします。

「一日三食きちんと食べる」を「お腹が空かなければ無理に食べず、好きな時間に食事をすれば良い」に変えるだけで、とても自由な気持ちになれるはずです。

現役の頃に比べて体力も気力も衰えてくる分、**昔と変わらず自分を縛りつけるルールが多いと、次第にそれが達成できなくなり、イライラやストレスが増えるものです。**

もし「こうありたい」という目標の人物像があるなら、老後はそれに「細かいことにはこだわらず、自由な発想で楽しく生きている人」というイメージを重ねてみてはいかがでしょうか？

参考になる人は、別に歴史上の偉人でなくても、先輩後輩、友人知人、兄弟姉妹、親戚、近所の人など、今まであなたが出会ってきた中でそう感じる人が必ずいたはずです。きっと、自分の中で凝り固まっていた枠が吹き飛ばされて、心がフッと軽くなると思います。

35 何歳になっても他人と比べる「競争心」「嫉妬」は枯れませんか？

全力で勉強や仕事に打ち込んでいた若い頃は、他人への競争心やライバル心がやる気の原動力になっていたものです。

「あの人にだけは負けたくない」とか「必ずあいつには勝つんだ！」という思いでライバルと競《せ》り合うことは、自分自身の能力を高めると同時に、厳しい競争社会で生き抜くのに欠かせない要素だったはずです。

こうして切磋琢磨《せっさたくま》しながら出世街道を歩んできた人にとって、ライバルは、戦友のような存在です。「俺とこいつは同期の競争相手で、ずっと抜きつ抜かれつのデッドヒートを繰り広げてきたものさ」などと、懐かしい思い出もたくさんあるでしょう。

このように自らのモチベーションを上げるためにも必要だった競争心ですが、定年を迎えて職場を去る頃には、かつてのライバルも良き同僚となって、競い合う対象ではなくなるのが普通でしょう。

しかし定年を境に、取締役として企業に残る人と一般社員として社を去る人に立場が分かれた場合などは、その「ステイタス」に大きな差がつきます。

そうなると、会社を離れる立場の人の心中はにわかに穏やかではなくなり、「なぜ自分は選ばれなかったのに、あいつは役員になれたんだ」とか「実力では負けなかったが、しょせん世渡りが上手い奴にはかなわないな」などという不満が頭をもたげて、強いストレスを感じてしまいます。これは一見、競争に負けたことへの敗北感のようですが、実は嫉妬《しっと》の感情に他なりません。**性別や年齢に関係なく、自分よりも人生を有利に展開する人に対し嫉妬を覚えるのは当然のことで、一時的にイライラした気持ちはピークに達するでしょう。**

嫉妬の中でも「出世」「地位」といった権力的にも、名誉的にも、経済的にも明確な差がつく部分では激しい感情を持ちやすいので、気持ちの整理をつけるまでは少し時間がかかるかもしれません。

また、年齢を重ねれば「感情の起伏《きふく》」も小さくなると思われがちですが、それにも個人差があります。一概《いちがい》に年を取れば、誰しも落ち着きが出て温厚になるという単純なものではありません。ですから、常日頃から自分自身の「心を制御する方法」を身につけることが大切です。特に、高齢になってからパワーバランスを逆転するのは難しいため、他人との比較で自尊心《じそん》をわざわざ傷つけるような「嫉妬する癖」は、できるだけ避けたいものです。

老後を迎えたらよほどの必要がない限り、現役時代の話についてあまり深入りしないスタンスを保つほうが得策です。少し努力が必要になるかもしれませんが、「人は人、自分は自分。他人のことには関心を持たない。関心を持ったところで、何がどうなるものでもない――」と割り切ってしまうのが一番良いでしょう。

そうして自分と他者との関係を整理したら、余計な関心も嫉妬も捨ててマイペースで我が道を行けば良いのです。

もちろん「隣の芝生《しばふ》は青い」で、何となく他の人が羨《うらや》ましく見える時があるかもしれません。しかし実際には誰の境遇も一長一短で、何かに恵まれていれば他で苦労しているなど、トータルすれば人生それほど大差はないものです。

それを承知して、後は今の自分の境遇を肯定して満足することができれば、イライラとは無縁《むえん》でいられるのではないでしょうか？

「上を見ても、下を見てもキリがない」と納得すれば、他人との比較がいかに意味のない、ただ「自分の心を不安定にさせる」だけのことなのか、合点《がてん》がいくはずです。

36

周囲の期待――「できません」「もう無理です」と言う勇気も大切

Sさんは近所でも評判の女性で、お茶もお花も料理も一流の腕前。何をやらせてもそつなくこなす力量が認められて、子どもが小さい頃はPTAの会長、その後は地域の民生委員《みんせいい》を務め、七十歳からは自治会の副会長の任に就《つ》いています。その頼りがいのある態度に、「何でもSさんに任せておけば安心。私たちも見習いたいと思っているんですけど、つい頼ってしまって……」というのがご近所の声でした。

そんな周囲の期待に応えるように、愚痴ひとつ言わずに働いていたSさんでしたが、ある時、首に赤いブツブツができて、同時に背中にも痛みが出たのです。心配に思って病院で診てもらうと、「帯状疱疹《たいじょうほうしん》」という診断が下されました。

帯状疱疹とは、帯状疱疹ウイルスの感染により、神経に沿《そ》って帯状に痛みを伴なった発疹《ほっしん》ができる病気。これは、水ぼうそうを起こすのと同じウイルスが原因です。

水ぼうそうは、子どもの頃に多くの人がかかりますが、たいてい一週間程度で治ります。けれども、治ったとはいえウイルスが消滅したわけではなく、長い時には何十年も体内で潜伏《せんぷく》し続けて、免疫《めんえき》力が低下した際に復活する場合があるのです。

そして、復活したウイルスが皮膚に帯状の水ぶくれを作るのですが、免疫力の低下の原因はさまざまで、高齢化、過労、ケガ、ストレスなどが挙げられるでしょう。

幸いなことに、Sさんの帯状疱疹はしばらくして治《おさ》まりましたが、これを機に、彼女は考え方を変えました。

それまでは、とにかく人の役に立つことが第一で、自分のことは二の次――。

「私が頑張らなきゃ皆が困る」「私のおかげで皆が助かっている」という思いが

強かったので、誰もが面倒だと思う仕事も率先《そっせん》して引き受けていました。それで心身ともに疲れ果ててしまったのです。

しかし、**病気になって改めて「自分が倒れてしまったら元も子もない。まずは自分が元気でいられるような生活をしなければ……。人様のことはそれからだ」と思うようになりました。**

そこでSさんは期が変わるのを待って、プレッシャーの大きな自治会の役職を辞任する決心をしました。今後は自分のペースを大切にし、無理せず、のんびりと毎日を過ごす予定だとか――。

このように、面倒見の良い人はなかなか「ノー」とは言えません。つい「もうちょっと自分が頑張れば、何とかなるはず」と思って無理をしてしまうのです。

しかし他人は、そんな人の頑張りや苦労を全部分かっているわけではありません。それどころか、「ノーと言わないんだから平気だろう」「あの人は、頼られるのが好きなタイプだから、いくら頼んでも大丈夫さ」くらいに思っているかもしれないのです。

「できません」「無理です」と言うのは、勇気が要るでしょう。それが今までできていたことなら、なおさらです。

けれど、ひとたび口にしてしまうと、心のモヤモヤが本当にすっきりします。また、「私が頑張らなきゃ、皆が困るかもしれない」と一人でずっと悩んでいたけれども、相手からは悪く思われない、気にされないケースが多いのです。


Sさんは我慢を重ねてしまいましたが、こうした事情で自分の言いたいことをきちんと主張できるようになるのも、年齢を重ねた者の特権です。

せっかく、しがらみだらけの現役時代は卒業したのですから、自分の気持ちにウソをつかず「素直な生き方」をしたいですね。それが、心を軽くする老後の整理術の極意なのですから。

37

「イライラの正体」を書き出す——自分の心理はパズル以上に難しい

年を重ねると、理由はよく分からないのに、何となくイライラしたり、不愉快になったりすることがありませんか？

身体の痛みや何かが足りないなど、ハッキリした理由や原因があって、イライラするのなら対処法も見つけやすいのですが、この「何となく」というのが曲者《くせもの》で、モヤモヤした気持ちを解消するには、ちょっと手間がかかります。

そこで、**こうした「イライラの正体」を見極めるのにおすすめしたいのが、思いつくことを、そのまま紙に書き出してみる方法です。**

それなら「パソコンのワープロソフトを利用してもいいだろう」と考える人がいるかもしれませんが、ちょっと待ってください。

できればテーブルに紙と筆記具を用意して、実際に書き出してみましょう。なぜなら「書き出す」という物理的な行為を経ることで、そのほうがリアリティをもって問題の核心を捉えられ、納得もしやすいからです。

イライラのもとを書き出すといっても、別に難しいものではありません。今、自分が感じていることを、イライラの原因でなくても何でも良いので、紙にただひたすら書き連《つら》ねていきます。自分以外に見せる人はいませんから、気取《きど》らず、感じるまま、思いつくまま、書けばいいのです。特に文章になっている必要もありません。頭の中に浮かぶ思いを、単語で紙の上に記すだけです。

たとえば、今日は曇《くも》り空、電話のベルの音、時刻表、遅い、連続テレビドラマ、同窓会、山本さん、卒業式、温泉、日記帳、陽子、スニーカー、ぬけがけ、携帯メール、セーター、懐かしい気持ち、無視、クラブ活動、新幹線、ペットの世話、友達、食べ歩き、おしゃべり、散歩、千恵子ちゃん……といった何の脈絡《みゃくらく》もない言葉が次々と浮かんできたら、その意味を考えずひたすら書き記します。

そして全部を書き出したら、今度は自分がどの言葉に対して「良い感じ」を持ち、どの言葉に「嫌な感じ」を抱くのかをチェックします。

たとえば、良い感じは、温泉、友達、食べ歩き、スニーカー、新幹線、おしゃべり……。悪い感じは、ぬけがけ、電話のベルの音、無視、遅い、ペットの世話……だったとします。

では次に、なぜ自分はその言葉に対して、良い感情や悪い感情を持つのか？　それを考えてみましょう。すると、ぼんやりと自分の心の中にある本音が見えてくることがあります。

人は自分のネガティブな感情から目をそらしたいと思うので、本当はイライラの原因に気づいていたとしても「無意識に知らんぷり」を決め込むことが少なくありません。そのため、モヤモヤした気持ちだけが取り残されてしまうのです。

この書き出しチェックを実際に行なった五十代の女性の場合、言葉が書かれた紙をしばらく眺めているうちに、「ああ、なるほど。そういうことだったのか」と、思い当たることがあったといいます。

彼女は三ヵ月ほど前、高校時代の友人たちと旅行に行く約束をしていました。

しかし、自分のところにはその後の連絡がなく「どうなっているんだろう？」と不安に思っていると、他の友達はすでに旅行鞄《かばん》も用意しているという話を聞いてしまいました。そこで**「ひょっとしたら、自分だけが仲間外れにされるのではないか？　今頃自分をおいて出発しているのではないか？」と、不安な気持ちが募っていたのでした。**

彼女としては、自分から催促するのも嫌で静観していましたが、内心では早く連絡が来ないかと焦っていたそうです。それが日々のモヤモヤの原因と分かったことで、気持ちが軽くなりました。

そこで友人に「その後、旅行の計画はどうなったの？」と思い切って連絡したところ、手紙で案内を出していたのが行き違いになっていたことが分かり、結果としてみんなで楽しい旅行ができたのでした。

彼女の例のように、「自分の心理」はパズル以上に解読が難しいものです。だからこそ、どうしても気分がスッキリしない時はうやむやにせず、ゲーム感覚で自分の心を読み解いてみるのも良いのではないでしょうか。

38
脳を元気にする有酸素運動——少し速めに歩く「ウォーキング」を

別に体育会系でなくても、気分をリフレッシュさせるのに運動が効果的なことは、ほとんどの人が知っているでしょう。

しかも、最近では運動が脳を活性化させることも分かってきて、老後の体力づくりや生活習慣病予防のために、運動の必要性を切実に感じている人も年々増えています。

運動をするとまず血行《けっこう》が良くなり、新陳代謝も活発になって夜はよく眠れるなど、心身ともにリフレッシュすることができます。そして、**肉体的な爽快感だけでなく、気分がスカッとするような解放感も味わえるので、イライラ感の解消にも運動はピッタリなのです。**

長年うつ傾向だった人が、ジョギングを始めて半年でその悩みから解放され、心の健康を取り戻したという例もありますから、シニア世代もこれからチャレンジしてみる価値は大いにあるでしょう。

運動には脳を元気にする働きがありますが、特にウォーキングやジョギング、ストレッチなどの「有酸素《ゆうさんそ》運動」は知性や感情、意欲などを司《つかさど》る前頭葉の活動を非常に高めてくれます。

この働きは、ウォーキングなら隣の人と話しながら歩くのが少しきつく感じられるくらいの速さの時に最も活発となり、運動効果も上がります。

有酸素運動をすると、脳にも多くの酸素と栄養が行き届くようになり、記憶力や理解力などの機能も活性化されますから、認知症の予防に対しても効果が期待できます。

ただし、だからといって激しい運動のやり過ぎは、かえって体内の活性《かっせい》酸素が増え、老化の原因になってしまいます。ある程度の年齢になったら、学生時代の部活のようなハードな運動をするのは禁物です。

そうではなく、無理のない有酸素運動を行なうことで動脈硬化《こうか》や脳卒中《のうそっちゅう》などのリスクを減らせることも分かってきましたので、長いスタンスで続けられる運動を暮らしの一部に取り入れたいものです。

有酸素運動で一番簡単にできるのは「ウォーキング」か、もう少し歩調の速い「ジョギング」ですが、五十歳以上の人には心臓への負荷《ふか》が少ないウォーキングをおすすめします。

脳に刺激を与えるには、筋肉を大きく動かす運動が効果的で、下半身の筋肉を「ゆっくりと継続的に動かす」ウォーキングは、脳を働かせるのにも有効です。

歩くことによって脳は刺激を受け、脳下垂体《のうかすいたい》から脳内快感物質である「ベータ・エンドルフィン」を放出しますから、これがさらに健康にも良い影響を与えるようになります。

ただし、純粋に四季の季節感や景色の移り変わりなどを楽しみながらゆっくり歩くのは「散歩」で、少し息が切れる程度の速さで歩く「ウォーキング」とは、少し性質の異なるものです。自分自身で上手に頭を切り替え、両方を楽しめればベストですね。

たとえば、週に三回は少し速めのウォーキング、残りの四日はゆったり散歩を楽しむというように変化をつけても、飽きずに運動を続けることができるでしょう。

早足で大きな筋肉をリズミカルに動かすウォーキングならベータ・エンドルフィンによって「ハイな気分」が楽しめますし、風景を眺めながらゆっくり散歩をすれば、気持ちを鎮《しず》める「セロトニン」という脳内物質が出て心が落ち着きますから、どちらも運動後はスッキリとした爽快感が味わえるはずです。

特に、セロトニンは憂鬱《ゆううつ》な気分を吹き飛ばし、ストレスに強い心を作るうえでも欠かせない神経伝達物質ですから、たとえ気の進まない日でも少しは歩くことをおすすめします。

ジリジリとした陽射《ひ》しの真夏や凍《こご》えるような真冬、長雨の季節など、外出をためらうような天候が続くと、つい出かけるのが億劫《おっくう》になって、せっかく続けてきた運動の習慣が途切れてしまうことがよくあります。

しかし、ここで運動をやめてしまっては、あまりにももったいない。少し天気が回復したら、たとえ五～十分でも出かけてみてください。

そうして、散歩やウォーキングを再開するきっかけさえ作れば、またすぐに身体が思い出して健康習慣は復活できます。

また、外出できない日にも室内で身体を動かすことが大切です。室内でも小さな台を使った簡単な昇降《しょうこう》運動や柔軟《じゅうなん》体操、スクワットやダンベル体操といった軽い運動を休まず続ければ、身体の柔軟性が維持できます。

こうした小さな努力が、五年後、十年後には、周りの同世代と比べて大きな差となって、自分の身体に現れるのです。

39　「歌う」は高齢者に良いことだらけ――カラオケの多彩な効用

カラオケに多くの効用があることは世に広く知られていますが、何といっても「ストレス解消力」は抜群です。特に気分がふさいだ時には、カラオケを上手に利用して心をフレッシュアップしましょう。基本的なおさらいをしておくと、カラオケには次のような「多彩な効用」があります。

◎高いリラックス効果

歌う前の「緊張感」、歌っている最中の「高揚感」、歌い終わった後の「満足感」の三つの感情を短時間で味わうことで、自律神経の働きが活発になり、ストレスの発散にも大いに役立ちます。

◎**脳が活性化される**

気分が高揚すると、ドーパミンの分泌が盛んになり、脳の働きが活性化されます。歌詞やメロディを覚えるのも、脳の活性化に役立ちます。

◎**運動効果もある**

カラオケを歌うと、有酸素運動と同様の効果があります。特に、腹式《ふくしき》呼吸でお腹の底から声を出すと消費カロリーも増え、ダイエット効果が期待できます。

◎**心肺機能を強くする**

歌うことで肺に入る酸素の供給量が多くなり、血行も促進されます。同時に腹式呼吸で腹筋が鍛えられ、臓器の働きも強化されます。

◎**若返りに役立つ**

歌うことで自律神経を刺激して、肌にも潤《うるお》いが出てきます。気持ち良く歌えば脳からアルファ波も出て、若返りや老化防止に効果的です。

激しい運動ではなく、シニア世代の心身にも良い影響がたくさんのカラオケですが、「もう少し上手く歌えれば、もっとカラオケが楽しくなるのに」と思っている熱心なカラオケファンも多いでしょう。

もちろん、より上手くなろうという向上心は脳も心も元気にしますから、ぜひもう少し上を目指して頑張ってみてください。

参考文献

『老前整理　捨てれば心も暮らしも軽くなる』坂岡洋子　徳間書店
『「捨てる！」技術』辰巳渚　宝島社新書
『50歳をすぎたら家の整理を始めなさい』近藤典子　ポプラ社
『50過ぎたら、ものは引き算、心は足し算』沖幸子　祥伝社黄金文庫
『人生の終いじたく』中村メイコ　青春文庫
『50歳からラクになる 人生の断捨離』やましたひでこ　祥伝社
『老いの才覚』曽野綾子　ベスト新書
『自分の始末』曽野綾子　扶桑社新書
『老いの幸福論』吉本隆明　青春新書インテリジェンス
『五十歳からの生き方』中野孝次　海竜社
『老いのシンプル節約生活』阿部絢子　大和書房

〈著者紹介〉

保坂 隆（ほさか・たかし）

保坂サイコオンコロジー・クリニック院長。聖路加国際病院・診療教育アドバイザー。

1952年山梨県生まれ。慶應義塾大学医学部卒業後、同大学精神神経科入局。1990年より２年間、米国カリフォルニア大学へ留学。東海大学医学部教授、聖路加看護大学臨床教授、聖路加国際病院精神腫瘍科部長、リエゾンセンター長などを経て、保坂サイコオンコロジー・クリニックを開業。

著書に『精神科医が教える お金をかけない「老後の楽しみ方」』『老後のイライラを捨てる技術』（以上、ＰＨＰ研究所）、『頭がいい人、悪い人の老後習慣』（朝日新聞出版）、『精神科医が教える 50歳からの人生を楽しむ老後術』（大和書房）、『精神科医が教える ちょこっとずぼら老後のすすめ』（海竜社）など。


本書は2014年３月に発刊された『精神科医が教える　心が軽くなる「老後の整理術」』（ＰＨＰ文庫）の内容を厳選し、再編集したものです。

精神科医が教える
心が軽くなる「老後の整理術」〔愛蔵版〕

2019年２月12日　第１版第１刷発行

著　　者　保坂　隆
発 行 者　後藤淳一
発 行 所　株式会社ＰＨＰ研究所
東京本部 〒135-8137　江東区豊洲5-6-52
ＣＶＳ制作部 ☎03-3520-9658（編集）
普及部 ☎03-3520-9630（販売）
京都本部 〒601-8411　京都市南区西九条北ノ内町11
PHP INTERFACE　https://www.php.co.jp/
組　　版　株式会社ＰＨＰエディターズ・グループ
印 刷 所　株式会社精興社
製 本 所　東京美術紙工協業組合

ISBN978-4-569-84230-1